Inhaltsverzeichnis

Vorwort	2
Vorbemerkungen	3
Einstieg	4
Das ist unsere Erde	5
Wetter und Klima	11
Natur, Landschaften und Naturphänomene	20
Menschen, Tiere und Pflanzen	38
Wasser heißt Leben	41
Ein gesunder Planet	46

Vorwort

Liebe Erzieherinnen und Erzieher,

vor ca. 5 Milliarden Jahren begann die Geschichte der Erde mit der Entstehung unseres Sonnensystems. Zuerst gab es nur einen großen Feuerball, auf dem das Leben unmöglich war. Es mussten erst wieder einige Millionen Jahre vergehen, bis die Erde so war, wie wir sie heute kennen. Doch auch heute noch hält unser Planet viele Geheimnisse und spannende Phänomene bereit, die darauf warten, von Ihren kleinen Entdeckern erforscht zu werden.

Der Planet Erde sowie das Leben auf ihm in Form von Menschen, Tieren und Pflanzen stehen im Mittelpunkt dieses Heftes. Das anschaulich und einfach strukturierte Material hilft Ihnen bei der Durchführung des Projekts rund um das spannende Erfahrungsfeld der Erde. Spielerisch setzen sich die Kinder mit dem Aufbau der Erde, verschiedenen Naturphänomenen wie Vulkanausbrüchen und Erdbeben, dem Tag- und Nachtrhythmus und dem Leben auf unserem Planeten auseinander. Außerdem erfahren die Kinder, was wir Menschen zum Leben brauchen und wie wichtig das Zusammenspiel von Pflanzen und Lebewesen sowie von Mensch und Natur ist. Dabei entdecken und erforschen die Kinder zahlreiche Phänomene unserer Natur anhand verschiedener Experimente. So können sie selbst mit viel Spaß und Entdeckerfreude unsere Erde kennenlernen. Denn nur wer die Erde kennt und versteht, weiß sie zu schätzen und ist auch bereit sie zu schützen.

Mit der Vermittlung von Wissen über Experimente, Bastelanregungen und Angeboten zur Sprachförderung wird die Neugierde geweckt und die Lust zum Hinterfragen und Forschen angeregt. Das Projekt widmet sich ganzheitlich dem Thema „Erde" und animiert die Kinder zum aktiven Mitmachen und Hinterfragen. Die Zielgruppe des Projektes sind Kinder zwischen 2 und 6 Jahren.

Ziele des Projekts:
- Vermittlung von Sachwissen und Allgemeinwissen
- Durch den Austausch untereinander und die Vermittlung von Sachwissen werden der Wortschatz und der Sprachgebrauch der Kinder erweitert und gefördert.
- In den einzelnen Angeboten werden die Ausdauer, die Feinmotorik und die Konzentration gefördert. Dadurch gewinnen die Kinder Selbstsicherheit und Vertrauen in die eigenen Fähigkeiten.
- Die Kinder erleben sich als Einzelperson und als Teil einer Gemeinschaft.
- Denkanstöße werden gegeben und es wird gelernt, Handlungen nachzuvollziehen.
- Bewegungsangebote fördern die Körperwahrnehmung, die Motorik und die Freude an der Bewegung.

Ich wünsche Ihnen und Ihren Kindern viel Spaß und Freude beim Experimentieren, Forschen und Entdecken.

Anja Mohr

Hinweis: Aus Gründen der besseren Lesbarkeit wird im Folgenden auf eine sprachliche Differenzierung der weiblichen und männlichen Bezeichnungen verzichtet. Da die Erzieher in Kindertageseinrichtungen zumeist weiblich sind, haben wir uns hier für die weibliche Form entschieden. Selbstverständlich sind stets alle Geschlechter angesprochen.

Vorbemerkungen

Zu den verwendeten Symbolen

Hauptkategorien:

Das ist unsere Erde

Wetter und Klima

Natur, Landschaften und Naturphänomene

Menschen, Tiere und Pflanzen

Wasser heißt Leben

Ein gesunder Planet

Bildungsbereiche:

Sprachliche Bildung

Musikalische Bildung

Ästhetische Erziehung

Umwelt-, Sach- und Naturbegegnung

Wahrnehmung und Entspannung

Körpererfahrung und Bewegung

Tipps und Anregungen zu den Angeboten

Die einzelnen Angebote sind nicht nach Bildungsbereichen, sondern nach Themen sortiert. Innerhalb der Themen bauen die Angebote aufeinander auf. Selbstverständlich können auch nur einzelne Aufgaben mit den Kindern bearbeitet werden. Die farbigen Bildkarten in der Heftmitte werden für verschiedene Angebote benötigt. Manchmal werden diese ausgeschnitten und aufgeklebt. Es sollte in diesen Fällen zuvor überlegt werden, ob die Fotos oder farbig ausgemalte Kopien eingesetzt werden sollen.

Zu den Gesprächskreisen:
Es ist sinnvoll, Gesprächskreise in einer entspannten Atmosphäre stattfinden zu lassen. Es sollte im Voraus überlegt werden, ob das Gespräch mit der ganzen Gruppe oder nur mit einem Teil durchführbar ist. Das Interesse wird dabei am leichtesten mit passenden Bildern (z. B. Farbbogen in der Heftmitte) und Gegenständen gewonnen, die das Thema veranschaulichen.

Zu den Bastelarbeiten auf S. 9–10, 31, 33, 47:
Vor dem Basteln werden die Tische mit Wachstuchdecken abgedeckt und die Materialien bereitgestellt. Aufwändigere Bastelarbeiten können auch in Kleingruppen durchgeführt werden. Um den Kindern selbständiges Arbeiten zu ermöglichen, werden die Angebote zuvor ausführlich besprochen oder die Arbeitsschritte fotografiert und nummerierte Bildkarten erstellt.

Der Planet Erde

ab 4 Jahren

Material:
Bild der Erde aus dem Weltall (s. Farbbogen in der Heftmitte und als Ausdruck), Farbdrucker, Plakat in DIN A2, Buntstifte, Kleber

Vorbereitung:
Das Bild der Erde aus dem Weltall wird aus dem Internet herausgesucht und farbig ausgedruckt. Zum Zeigen kann außerdem das Bild vom Farbbogen in der Mitte des Heftes verwendet werden.

Arbeitsanleitung:
Die Kinder kommen zu einem Sitzkreis zusammen. Das Bild der Erde wird in die Mitte gelegt und von den Kindern beschrieben.

Anschließend wird gemeinsam die Frage beantwortet, was es auf unserer Erde gibt, das nicht von Menschen geschaffen wurde. Helfende Stichwörter sind zum Beispiel „Berge", „Meere", „Tiere" und „Pflanzen". Die Erzieherin sammelt die Ideen auf einem Plakat oder lässt die Kinder ihre Antworten malen.

Zum Schluss wird das ausgedruckte Bild der Erde dazu geklebt – am besten in die Mitte – und das Plakat gut sichtbar im Gruppenraum aufgehängt. So kann es während der Erarbeitung des Themas immer wieder als Gesprächsanlass dienen.

Am Ende des Projekts kann das Plakat noch einmal betrachtet und besprochen werden.
Was wissen die Kinder nun über die Tiere, Pflanzen und Landschaften, die sie gemalt haben?
Gibt es Dinge, die sie jetzt dazu malen würden? Wenn ja, welche?

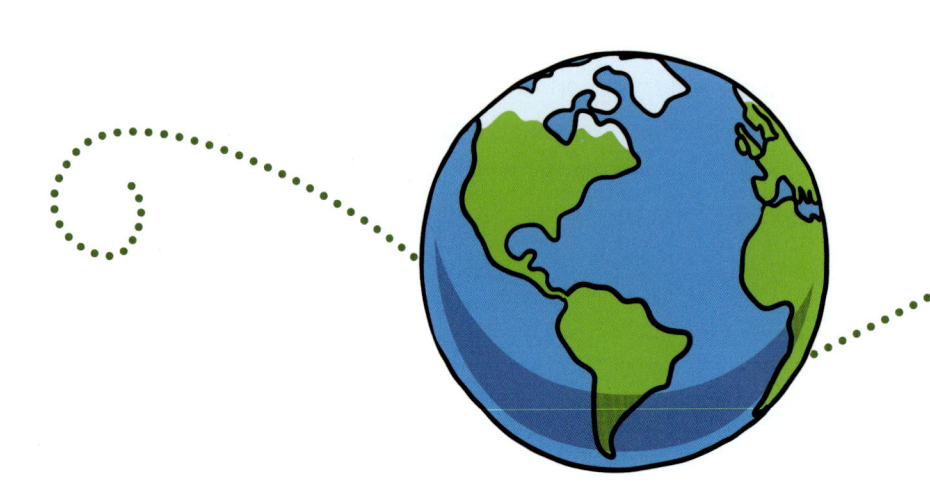

Die Erde entsteht

ab 5 Jahren

Material:
Bild der Erde aus dem Weltall (s. Farbbogen in der Heftmitte),
6 DIN-A3-Blätter, Fingerfarbe in Schwarz, Pinsel, Bleistift,
DIN-A4-Tonpapier in Weiß, Gelb, Hellblau und Braun, Schere, Kleber

Vorbereitung:
Alle DIN-A3-Blätter werden komplett mit schwarzer Fingerfarbe bemalt.

Geschichte:
Bevor es die Erde gab, war es im Weltraum schwarz.
(Ein schwarzes Blatt wird in die Mitte gelegt.)

Doch im Weltraum schwebten kleine Teilchen umher, die von anderen Sternen kamen.
(Die Kinder schneiden aus weißem Papier kleine Schnipsel und kleben diese auf ein zweites schwarzes Blatt.)

Diese Teilchen fügten sich zu einer Spirale zusammen.
(Die Kinder schneiden eine Spirale aus weißem Papier aus und malen kleine Kreise mit dem Bleistift darauf. Diese Spirale wird nun auf ein drittes schwarzes Blatt geklebt.)

Nach einiger Zeit formten die Teilchen einen Kreis.
(Auf das vierte schwarze Blatt kleben die Kinder einen großen weißen Kreis, den sie zuvor ausgeschnitten haben.)

Die Teilchen rückten immer enger zusammen. Irgendwann wurde es sehr heiß und die Teilchen fingen sogar an zu brennen.
(Ein gelber Kreis wird ausgeschnitten und auf ein weiteres Blatt geklebt.)

Doch nach einiger Zeit erkalteten die Teilchen. Es entstanden Wasser und ein großes Land.
(Ein blauer Kreis wird ausgeschnitten und auf das sechste Blatt geklebt. Aus braunem Papier wird ein Fleck, der Urkontinent, ausgeschnitten und auf den blauen Kreis geklebt.)

Die Erde war außen erkaltet, aber in ihrem Inneren war es immer noch sehr heiß. Deshalb bewegte sich die Erde und die große Landfläche brach auseinander. Es entstanden die Kontinente.
(Das Bild der Erde aus dem Weltall wird in die Mitte gelegt.)

(Die Plakate und das Bild liegen nun in der Reihenfolge der Geschichte nebeneinander. Mit den Kindern kann die Entstehung der Erde noch einmal Schritt für Schritt besprochen werden.)

Unser Planet ist rund

ab 4 Jahren

Material:
1 Luftballon, 1 DIN-A4-Blatt, 1 Tonkartonstreifen (ca. 1 x 8 cm), Klebefilm

Vorbereitung:
Die Erzieherin faltet aus einem DIN-A4-Blatt ein Papierschiff nach der folgenden Anleitung:
1. Das Blatt wird zur Hälfte gefaltet, sodass ein Rechteck entsteht. Die Öffnung zeigt nach unten.
2. Nun wird das Blatt noch einmal zur Hälfte zu einem Rechteck gefaltet und wieder aufgeklappt. So wird eine senkrecht verlaufende Linie erkennbar.
3. Von oben werden die rechte und die linke äußere Ecke entlang der Mittellinie gefaltet.
4. Auf der Vorderseite wird die überstehende untere Seite nach oben auf das gefaltete Dreieck geklappt. Dies wird auf der Rückseite wiederholt.
5. Die überstehenden Ecken links und rechts werden umgeklappt, sodass ein Dreieck entsteht.
6. Von unten wird das Dreieck geöffnet. Die linke und die rechte Ecke werden dabei zusammengeschoben, sodass ein Quadrat entsteht.
7. Die untere Spitze wird nach oben gefaltet und der gleiche Schritt auf der Rückseite wiederholt. Es entsteht wieder ein Dreieck.
8. Das Dreieck wird erneut von unten geöffnet und die linke und die rechte Ecke werden zusammengeschoben.
9. Die oberen Spitzen links und rechts werden auseinandergezogen.
10. Ein Tonkartonstreifen wird als Mast auf das Segel geklebt.

Arbeitsanleitung:
Zunächst überlegen die Kinder, woher wir überhaupt wissen, dass die Erde eine Kugel ist.
Anschließend wird ein kleiner Versuch durchgeführt, der ihnen die Form der Erde erklärt und durch den schon Aristoteles die runde Form erkannt hat.

Der Luftballon wird aufgepustet und das gefaltete Schiff mit Klebefilm darauf befestigt.
Der Luftballon wird nun auf Augenhöhe der Kinder gehalten, sodass das Schiff noch nicht zu sehen ist.
Dann wird der Luftballon langsam gedreht.
So sehen die Kinder zuerst den Mast, bis schließlich das ganze Schiff zu erkennen ist.

Genau dieses Phänomen ist auch auf der Erde zu beobachten. Blickt man auf dem Meer in Richtung Horizont, erkennt man in der Ferne als Erstes den Mast des Schiffes, bevor das ganze Schiff zu sehen ist. Dies liegt an der runden Form der Erde. Hat eins der Kinder dies vielleicht schon mit eigenen Augen gesehen und kann davon berichten?

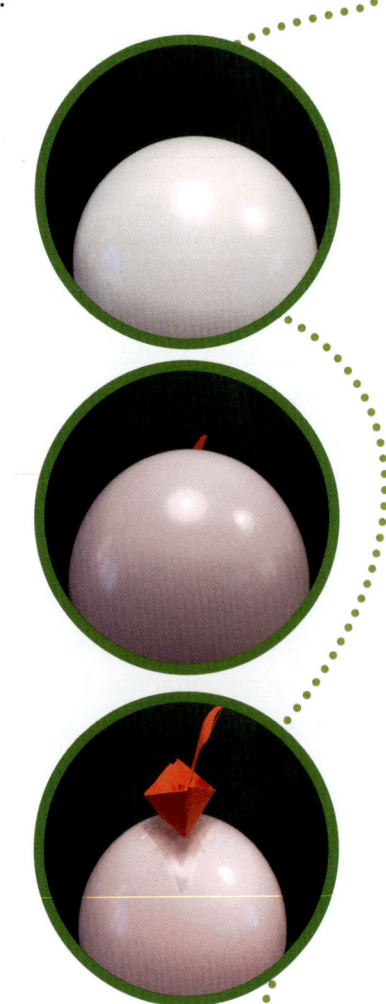

Der Aufbau der Erde

ab 4 Jahren

Schon seit Hunderten von Jahren fragen sich Wissenschaftler, wie es im Inneren der Erde aussieht. Doch Bohren und Graben reichten nicht aus, um bis zum Erdkern vorzudringen. Erst kreisende Satelliten und Röntgenstrahlen konnten den Planeten vermessen. So haben Forscher herausgefunden, dass unsere Erde in mehreren Schichten aufgebaut ist.

Material:
Geschichte (s. u.), DIN-A4-Blätter in Weiß, 1 DIN-A3-Blatt in Weiß, Pinsel, Wasserfarbe in Schwarz, Orange und Rot

Arbeitsanleitung:
Die Kinder kommen in einem Sitzkreis zusammen. Zuerst stellen sie selbst Vermutungen über das Innere der Erde an. Sie überlegen, welche Materialien in der Erde zu finden sein könnten. Vielleicht nennen sie zum Beispiel Sand, Stein, Wasser oder Feuer. Danach wird mit Hilfe einer Geschichte gemeinsam auf einem DIN-A3-Blatt ein Bild vom Aufbau der Erde erstellt.
Im Anschluss können die Kinder eigene Bilder vom Aufbau der Erde malen, um das Erklärte zu wiederholen und zu verinnerlichen.

Geschichte	Zeichenanleitung
Dies ist die Erdkruste. Sie besteht aus festem Gestein. Je weiter wir in das Innere reisen, desto wärmer wird es.	*Ein großer Kreis wird mit schwarzer Wasserfarbe und einem Pinsel auf das Blatt gemalt.*
Nach der Erdkruste folgt der Erdmantel. Dort ist es sehr heiß und das Gestein wird durch die Hitze weich wie Knete.	*Nun wird ein großer orangefarbener Ring in die „Erdkruste" gemalt. Dieser Ring sollte etwa die Hälfte des Kreises bedecken.*
Wenn wir noch tiefer in die Erde reisen und am Erdkern ankommen, wird das Gestein immer weicher, bis es zu Magma wird. Magma ist eine glühend heiße Mischung im Innern der Erde. Sie ist nicht ganz flüssig und nicht ganz fest, sondern eher wie ein sehr heißer Brei.	*In den Mittelpunkt wird ein roter Kreis gemalt.*

Hinweis:
Zum besseren Verständnis kann die Erde auch mit einem gekochten Ei verglichen werden. Das Ei hat eine harte Schale wie die Erde. Dann kommt das Eiweiß als Erdmantel. Zum Schluss folgt der Dotter, der Erdkern.

Die Erde dreht sich um die Sonne

ab 4 Jahren

Anhand des ersten Lichtexperiments wird den Kindern verdeutlicht, dass sich die Erde um die Sonne dreht. Anschließend lernen die Kinder in einem zweiten Schritt die Erdneigung kennen. Wenn man sich die Erdachse als Linie durch den Nord- und den Südpol vorstellt, kann man eine Neigung (von 23,5 Grad) erkennen. Mit genau demselben Winkel ist der Globus in seiner Halterung befestigt. Diese Neigung gegenüber der Sonne ist verantwortlich für die Entstehung der Jahreszeiten. Durch die schräge Stellung der Erde erreicht uns im Sommer viel mehr Sonnenlicht als im Winter. Im Winter treffen die Strahlen in einem flacheren Winkel auf die Erde. Das kann man auch am Stand der Sonne sehen: Sie steht viel niedriger über dem Horizont als im Sommer, weshalb sich die Erde weniger erwärmt.

Material:
1 Globus, 1 Taschenlampe, 1 Lampe (z. B. Schreibtischlampe)

Versuch 1:
Die Kinder setzen sich in einen Halbkreis. Der Raum wird leicht abgedunkelt. Nun überlegen die Kinder, wie Tag und Nacht entstehen. Dabei können sie mit dem Globus und der Taschenlampe experimentieren.
Anschließend wird gemeinsam mit einem Globus und einer Taschenlampe das Experiment durchgeführt: Die Taschenlampe stellt die Sonne dar, die auf die Erde leuchtet. Der Globus wird langsam nach rechts (gegen den Uhrzeigersinn) gedreht.
Durch den Hell-Dunkel-Rhythmus entstehen auf der Erde Tag und Nacht. Solange die Seite, auf der wir leben, zur Sonne gerichtet ist, ist bei uns Tag. In dem Moment, in dem sich unsere Seite von der Sonne wegdreht, beginnt die Nacht. Währenddessen geht dann auf der anderen Seite der Erde die Sonne auf.

Versuch 2:
Wenn eine Lampe die Sonne darstellt und der Globus in einem Kreis um die Sonne herumbewegt wird, kann man erkennen, wie die „Sonnenstrahlen" auf die Erde treffen. Mit Hilfe von Fragen der Erzieherin beobachten die Kinder den Versuch aufmerksam:
Wo ist es hell und wo ist es dunkel?
Wie bewegt sich die Erde?
Dabei bemerken sie sicherlich, dass der Globus leicht geneigt steht. So treffen die Sonnenstrahlen mal schräg und mal senkrecht auf die Erdoberfläche. Dies sind unsere Jahreszeiten. Im Sommer ist es warm, da uns viel mehr Sonnenlicht erreicht als im Winter.

Die Erde aus Pappmaché

ab 4 Jahren

Material:
1 Globus oder Bilder der Erde aus dem Weltall (s. Farbbogen in der Heftmitte und als weitere Ausdrucke)
für jedes Kind: Kopiervorlage „Die Erde aus Pappmaché" (s. S. 10), Kleister, Wasser, 1 Schüssel, Transparentpapier in Blau, 1 Luftballon, Schere, Kleber, Buntstifte in Grün und Braun

Vorbereitung:
Bevor mit den Bastelarbeiten begonnen wird, werden Bilder der Erde aus dem Weltall im Internet gesucht und ein bis zwei zur Veranschaulichung ausgedruckt. Außerdem kann das Bild vom Farbbogen in der Heftmitte verwendet werden. Gut wäre es, wenn die Bilder verschiedene Perspektiven auf die Erde zeigen, damit die Kinder die Kontinente erkennen können. Alternativ kann den Kindern auch ein Globus zur Orientierung dienen.
Die Kopiervorlage „Die Erde aus Pappmaché" wird für jedes Kind kopiert und ausgeschnitten, die Luftballons werden aufgepustet.

Bastelanleitung:
1. Der Kleister wird, nach beiliegender Anleitung, mit Wasser in einer Schüssel angerührt.
2. Währenddessen reißen die Kinder das blaue Transparentpapier in ca. 3 x 3 cm große Stücke.
3. Mit dem Kleister und den Papierschnipseln wird der aufgeblasene Luftballon mit drei Schichten des blauen Transparentpapiers beklebt. Dabei wird der untere Teil mit dem Knoten ausgespart.
4. Der beklebte Luftballon wird zum Trocknen an die Seite gelegt. Dies kann einige Stunden dauern.
5. Nach dem Trocknen wird der Luftballon eingeschnitten und vorsichtig entfernt.
6. Die Vorlagen der Kontinente werden von den Kindern grün und braun bemalt. Die Antarktis bleibt weiß.
7. Anschließend hilft die Erzieherin dabei, die Kontinente richtig auf dem Luftballon aufzukleben.

Hinweis:
Die gebastelten Erdkugeln können gemeinsam betrachtet und besprochen werden.
Fragen können dabei zum Beispiel sein:
- Wie viele Kontinente gibt es?
- Wer kennt die Namen der Kontinente?
- Wer hat schon einmal einen anderen Kontinent oder ein anderes Land besucht?
- Wie war es dort?

Kopiervorlage „Die Erde aus Pappmaché"

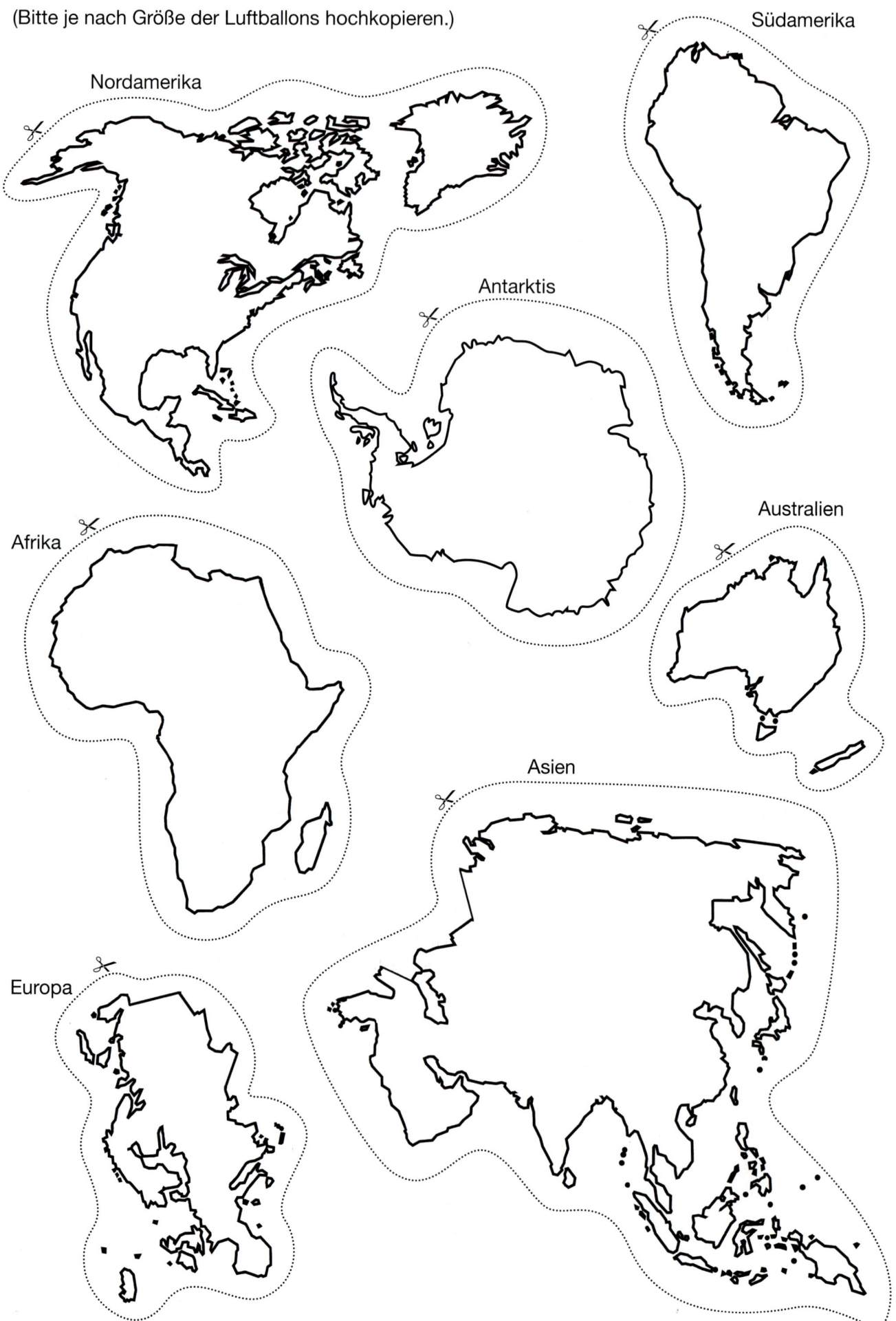

ab 4 Jahren

(Bitte je nach Größe der Luftballons hochkopieren.)

Nordamerika

Südamerika

Antarktis

Afrika

Australien

Asien

Europa

Das Wetter

ab 4 Jahren

Material:
weiße DIN-A5-Blätter, Tonkarton in DIN A1, Kopiervorlage „Pfeil" (s. u.), Filz- oder Buntstifte, Kleber, Schere, Prickelnadel, Musterklammer, Bilder verschiedener Wetterphänomene (s. Farbbogen in der Heftmitte), Tonkarton oder 1 Laminiergerät und -folie

Vorbereitung:
Die Vorlage „Pfeil" wird (hoch-)kopiert und ausgeschnitten. Zur besseren Haltbarkeit kann sie laminiert oder auf Tonkarton geklebt und noch einmal ausgeschnitten werden.

Arbeitsanleitung:
Sechs bis neun Kinder kommen in einem Sitzkreis zusammen. Die Erzieherin lässt nun die Kinder das heutige Wetter beschreiben. Dabei können sie auch aus dem Fenster schauen. Danach werden unterschiedliche Wetterphänomene in der Gruppe gesammelt. Dabei nennen die Kinder diese nicht nur, sondern beschreiben sie auch. Die farbigen Bildkarten in der Heftmitte können zur Unterstützung eingesetzt werden. Die Erzieherin schreibt dabei mit, sodass unten oder oben auf jedem weißen DIN-A5-Blatt ein Wetterphänomen steht. Es sollten mindestens sechs Blätter beschriftet werden. Mögliche Wetterphänomene sind zum Beispiel: Sonnenschein, Regen, Wolken, Regenbogen, Gewitter, Wind, Schnee, Sturm und Hagel.
Anschließend erhält jedes Kind eines dieser Blätter und malt ein Bild zum entsprechenden Wetterphänomen. Wenn alle Kinder ihre Malaufgabe beendet haben, wird der Tonkarton mit „Wetter" betitelt. Danach werden die Bilder kreisförmig aufgeklebt. In die Mitte wird mit einer Prickelnadel ein Loch geprickelt. Das Gleiche wird auch mit dem Pfeil gemacht. Der Pfeil wird dann auf das Plakat gelegt und beides mit einer Musterklammer verbunden.

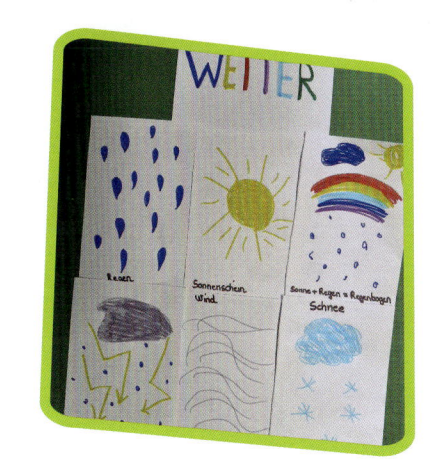

Hinweis:
Mit Hilfe dieser „Wetteruhr" kann jeden Morgen gemeinsam das Wetter bestimmt werden. Damit bietet die Uhr Gesprächsanlässe und hilft auch bei Überlegungen, was angezogen werden sollte, bevor die Kinder zum Spielen nach draußen ins Außengelände gehen.

Kopiervorlage „Pfeil"

Die Temperatur

ab 4 Jahren

Material:
1 Thermometer, 1 Schüssel mit warmem (nicht heißem!) Wasser, 1 Schüssel mit kaltem Wasser, 1 Schüssel mit lauwarmem Wasser, 1 Plastikflasche (Fassungsvermögen 0,5 l), Wasser, 1 durchsichtiger Strohhalm, Knete, spitze Schere, rote Lebensmittelfarbe, 1 schwarzer Filzstift

Versuch 1: Die Temperatur fühlen

Die drei Schüsseln mit kaltem, lauwarmem und warmem Wasser werden vor die Kinder gestellt. Dann erfühlen und beschreiben sie die verschiedenen Temperaturen. Nun taucht ein Kind für ca. 20 Sekunden eine Hand in die Schüssel mit kaltem Wasser und die andere Hand in die Schüssel mit warmem Wasser. Dann nimmt das Kind seine Hände heraus und taucht sie sofort in die Schüssel mit lauwarmem Wasser. Wie fühlt sich das an?
Obwohl am Schluss beide Hände in derselben Schüssel sind, empfindet die Hand, die zuvor im kalten Wasser war, das lauwarme Wasser als warm, während die andere Hand das Wasser als kalt empfindet. Unser Temperaturempfinden ist also nicht zuverlässig. Ein Thermometer kann die Temperaturen genauer messen. Um das zu verdeutlichen, wird das Thermometer nacheinander in die drei Schüsseln gehalten. Die Kinder beobachten: Je wärmer das Wasser ist, desto höher steigt die Anzeige des Thermometers.

Versuch 2: Ein Thermometer basteln

Die Plastikflasche wird vollständig mit Wasser gefüllt. Etwas rote Lebensmittelfarbe wird dazugegeben, der Deckel aufgeschraubt und die Flasche geschüttelt, damit sich die Farbe mit dem Wasser mischt. Die Erzieherin bohrt mit einer spitzen Schere ein Loch in den Deckel, in das der Strohhalm passt. Dieser wird in die Flasche geschoben, bis er ca. 3 cm ins Wasser reicht. Mit Knete wird das Loch um den Strohhalm abgedichtet.
Die Flasche wird etwas aufgeschraubt und mit dem Mund vorsichtig Wasser in den Strohhalm gesaugt, sodass das Wasser leicht über dem Flaschendeckel steht. Dann wird die Flasche schnell zugedreht. Ist die Flasche fest verschlossen, bleibt das Wasser an dieser Stelle im Strohhalm. Mit einem Filzstift wird der Wasserstand am Halm markiert. Stellt man die Flasche nun in die Sonne, steigt das Wasser. Stellt man sie in den Kühlschrank, sinkt der Pegel. Fast das Gleiche passiert auch in einem echten Thermometer. Erhöht sich die Temperatur, dehnt sich die Flüssigkeit aus und das Thermometer „steigt". Bei Kälte zieht sich die Flüssigkeit zusammen und das Thermometer „fällt".

Der Regen und das Gewitter (1)

ab 4 Jahren

Material:
Bilder von der Sonne, von Regen und von einem Gewitter (s. Farbbogen in der Heftmitte), 1 wasserfester Stift, 1 Kochtopf, Wasser, 1 Topfdeckel, 1 Herdplatte, 1 Luftballon, 1 Wollpullover, Konfetti

Versuch 1: So entsteht Regen

Einstieg: Die Kinder kommen zu einem Sitzkreis zusammen und besprechen die Wetterphänomene Sonne, Regen und Gewitter (s. S. 11). Als Hilfe können auch die entsprechenden Bilder vom Farbbogen in der Heftmitte gezeigt werden. Die Kinder überlegen anschließend, wie Regen und Gewitter entstehen könnten.

Erklärung: Das Wasser auf der Erde befindet sich in einem unendlichen Kreislauf. Verantwortlich dafür ist die Sonne. Sie erwärmt das Wasser in Flüssen und Seen und lässt es als feinen Dampf aufsteigen. Das heißt, das Wasser verdunstet. Im Himmel bilden sich in kühleren Luftschichten aus dem Wasserdampf Wolken. Das Wasser kondensiert, denn die vorher winzig kleinen Tröpfchen im Wasserdampf formen größere Tropfen. Aus vielen Tropfen entstehen dann Wolken. Irgendwann werden die Tröpfchen immer schwerer, bis sie schließlich in Form von Regen auf die Erde fallen. Der Regen wiederum versickert im Boden oder fließt in Bäche, Flüsse, Seen und Meere, von wo aus er wieder als Dampf aufsteigt. Der Kreislauf beginnt von vorn.

Versuch: Der Rand eines Topfes wird an der Innenseite ungefähr in der Mitte mit einem wasserfesten Stift markiert. Der Topf wird dann bis zur Markierung mit Wasser gefüllt und auf einem Herd erhitzt. Die Kinder beobachten und beschreiben, wie nach einiger Zeit Wasserdampf aufsteigt. Die Erzieherin hält einen Topfdeckel in den Dampf und zeigt ihn den Kindern. Sie sehen, dass Wassertropfen am Deckel hängen.
Achtung: Es sollte darauf geachtet werden, dass die Kinder nicht auf die Herdplatte oder an den Topf fassen!
Nach etwa 3–5 Minuten wird der Herd ausgeschaltet und der Topf von der Herdplatte genommen. Die Kinder sehen in den Topf. Reicht das Wasser noch bis zur Markierung?

Versuch 2: So entsteht ein Gewitter

Einstieg: Die Kinder betrachten noch einmal das Bild des Gewitters. Dabei beschreiben sie, was auf dem Bild zu erkennen ist. Weitere Fragen, die beantwortet werden können, sind: Was passiert während eines Gewitters? Wie fühlen sich die Kinder dabei? Haben sie Angst? Was genau macht ihnen bei Gewitter Angst? Oder finden die Kinder das Gewitter vielleicht eher spannend? Warum?

Der Regen und das Gewitter (2)

ab 4 Jahren

Erklärung: Gewitter entsteht, wenn starke Sonneneinstrahlung Wasser verdunsten lässt und viel feuchtwarme Luft aufsteigt. Das tritt am häufigsten im Sommer auf. Da immer mehr Dampf durch die warme Luft am Boden aufsteigt wird, werden die Wassertropfen nach oben gewirbelt. Sie bewegen sich und reiben aneinander, wodurch sie sich elektrisch aufladen. Irgendwann wird die elektrische Spannung so groß, dass sie sich schließlich in Blitzen entlädt.

Versuch: Die elektrische Spannung wird den Kindern mit einem Luftballon verdeutlicht, der an einem Wollpullover gerieben und dann über Konfetti oder die eigenen Haare gehalten wird. Der Luftballon, der das Konfetti oder die Haare anzieht, versucht, die entstandene Spannung wieder abzubauen. Hierbei will er die Spannung, die der Wollpullover verursacht hat, an das Konfetti oder die Haare abgeben.

Geräuschkulisse Regen

ab 4 Jahren

Arbeitsanleitung:

Die Kinder und die Erzieherin bilden einen Sitzkreis. Langsam klatscht die Erzieherin mit den Händen auf die Oberschenkel und erklärt, dass es leicht regnet. Das Kind links neben ihr übernimmt das Geräusch. Dann setzen immer mehr Kinder ein, bis alle mitmachen.
Wenn das Geräusch einmal im Kreis herum ist und wieder bei der Erzieherin ankommt, wird der Regen stärker. Die Erzieherin klatscht jetzt schneller und kräftiger auf die Oberschenkel. Wieder setzen die Kinder nacheinander ein und klatschen mit. In der nächsten Runde beginnt die Erzieherin in die Hände zu klatschen. Sobald es alle machen, klingt das wie ein Platzregen. Danach klatscht die Erzieherin und trampelt mit den Füßen. Das klingt wie ein starker Gewitterregen. Auch hier steigen die Kinder mit ein.
In den nächsten Runden wird die Geräuschkulisse nach und nach abgeschwächt, bis nur noch leicht auf die Oberschenkel geklatscht wird. Der Regen tröpfelt wieder. In der letzten Runde hört die Erzieherin auf zu klatschen, bis ein Kind nach dem anderen ebenfalls aufhört. Es wird leiser und der Regen damit weniger. Dann ist es still und es regnet nicht mehr.
Der Regenkreis kann mehrmals wiederholt werden, doch jedes Mal beginnt ein anderes Kind. Die Kinder lernen so, dass Geschwindigkeit und Lautstärke des Klatschens unterschiedlich klingen können, genauso wie der Regen.

Der Wasserkreislauf im Glas

ab 4 Jahren

Material:
1 Einmachglas mit Deckel (Fassungsvermögen 0,5 l oder größer), Kieselsteine, Blumenerde, 1 Pflanze (z. B. ein Ableger einer Grünlilie), destilliertes Wasser

Arbeitsanleitung:
Die Kinder versammeln sich um einen Tisch und besprechen den Wasserkreislauf (s. S. 13–14). Nun wird der Wasserkreislauf innerhalb eines geschlossenen Glases nachgebaut. Die Kinder erhalten ein Einmachglas und füllen es etwa 1–2 cm mit Kieselsteinen. Darauf kommt etwas Blumenerde, bis das Glas zur Hälfte gefüllt ist. Nun wird die Pflanze eingepflanzt. Anschließend wird die Pflanze mit etwa 50 ml destilliertem Wasser (das verhindert Kalkränder am Glas) gegossen und das Einmachglas mit dem Deckel verschlossen. Es sollte darauf geachtet werden, dass das Glas möglichst luftdicht verschlossen ist.
Die Pflanze im Glas wird an einen hellen Platz gestellt. Direktes Sonnenlicht sollte aber vermieden werden, da sich das Glas sonst zu sehr erhitzt und die Pflanze verbrennen könnte. Nach einigen Stunden schauen sich die Kinder das Glas an. Was beobachten sie?
Das Einmachglas ist von innen beschlagen und es bilden sich Wassertropfen. Diese Tropfen fließen an den Seiten hinunter und gießen so die Pflanze. Die Pflanze gibt das aufgenommene Wasser wiederum durch Verdunstung ab. Der Wasserkreislauf funktioniert und die Pflanze kann über einen längeren Zeitraum im Glas überleben.

Hinweis:
In diesem Versuch sollten Pflanzen verwendet werden, die feucht-warmes Klima unter Glas vertragen und langsam wachsen. Das sind zum Beispiel kleine Farne, kleinblättriger Efeu, Grünlilien oder kleine Orchideen. Wenn die Pflanze zu groß wird, kann sie problemlos aus dem Glas entfernt und in einen Blumentopf gepflanzt werden. Dann darf jedoch das regelmäßige Gießen nicht vergessen werden.
Sollte Schimmel im Glas auftreten, werden die befallenen Pflanzenteile entfernt und das Glas trocknet ein bis zwei Tage aus. Danach gibt die Erzieherin etwas Holzkohle ins Glas.
Daraufhin wird die Pflanze wieder gegossen und das Glas dicht verschlossen. Wenn wieder Schimmel auftritt, ist es leider eine Pflanze, die den Versuch nicht verträgt. Diese wird also ausgepflanzt und der Versuch mit einer neuen Pflanze wiederholt.

Regen + Sonne = Regenbogen

ab 4 Jahren

Material:
1 Glas mit Wasser, 1 Gartenschlauch, Wasser, 7 verschließbare Glasflaschen oder Gläser (z. B. Marmeladengläser oder Flaschen mit Korken), Krepppapier in den Farben Rot, Orange, Gelb, Grün, Hellblau, Dunkelblau und Violett, 1 alter Löffel, evtl. 1 Messbecher

Arbeitsanleitung:
- Bei strahlendem Sonnenschein wird ein Wasserglas an das Fenster gestellt. Die Sonnenstrahlen brechen sich in dem Wasser und ein Regenbogen erscheint auf dem Boden.
- Im Sommer kann ein Regenbogen auch im Garten entstehen. Dazu sind Sonnenschein und ein Gartenschlauch mit feiner Sprühdüse nötig. Die Erzieherin stellt sich mit dem Rücken zur Sonne und spritzt mit dem Schlauch Wasser in die Luft. Im Wassernebel können die Kinder den Regenbogen bewundern.

Einer der beiden künstlichen Regenbögen wird gemeinsam mit den Kindern betrachtet und beschrieben. Folgende Fragen können dabei helfen:
- Wie viele Regenbogenfarben gibt es? (Es gibt sieben Farben.)
- Welche Farben sind erkennbar? (Jeder Regenbogen hat die Farben Rot, Orange, Gelb, Grün, Hellblau, Indigo bzw. Dunkelblau und Violett.)
- Wie entsteht ein Regenbogen? (Der Regenbogen entsteht durch Brechung und Spiegelung des Sonnenlichts in einem Wassertropfen. Die Regentropfen spalten das Licht in seine Einzelteile, die sieben Farben des Regenbogens.)

Erweiterung:
Die sieben Gläser werden mit Wasser gefüllt. In jedes Glas kommen jeweils ein bis zwei kleine Streifen Krepppapier einer Farbe. Nun wird ein paar Minuten gewartet, bis sich das Wasser gefärbt hat. Dann wird das Krepppapier wieder mit einem alten Löffel entfernt. Je mehr Papier ins Wasser gegeben wurde, desto kräftiger ist nun die Farbe zu erkennen. Dann wird das Glas gut verschlossen. Werden Flaschen statt Gläser befüllt, wird das Wasser zuerst in einem Messbecher gefärbt und anschließend in die Flaschen gefüllt. Zum Schluss werden die Gläser oder Flaschen in der Reihenfolge der Regenbogenfarben vor dem Fenster angeordnet: Rot, Orange, Gelb, Grün, Hellblau, Indigo und Violett. Scheint die Sonne durch die Gläser oder Flaschen, zeigt sich ein wunderschöner Regenbogen auf dem Boden.

Die Wolken spielen verrückt (1)

ab 3 Jahren

Material:
Geschichte (s. S. 18), Bildkarten „Die Wolken spielen verrückt" (s. u.), 1 Xylofon, mehrere Klanghölzer, 1 Triangel, 1 Handtrommel, mehrere Rasseln, 1 Glockenspiel, Schere, 1 Laminiergerät und -folie

Vorbereitung:
Die Bildkarten „Die Wolken spielen verrückt" werden (hoch-)kopiert, ausgeschnitten und laminiert.

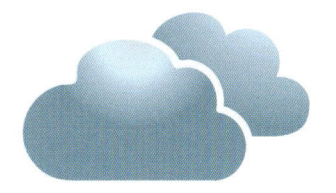

Arbeitsanleitung:
Die Geschichte wird zunächst ohne Einsatz der Instrumente im Sitzkreis vorgelesen. Anschließend werden gemeinsam mit den Kindern die Instrumente verteilt und erklärt, bei welchem Wort welches Instrument gespielt wird. Die Bildkarten „Die Wolken spielen verrückt" werden an die Kinder verteilt und funktionieren dabei als Orientierung und Erinnerungsstütze. Die Bildkarten „Wolken" und „Regen" können mehrfach kopiert und so von mehreren Kindern besetzt werden.
Nun wird die Geschichte vorgelesen und von den Instrumenten begleitet.

Hinweis:
Für den Wind wird leicht mit den Fingerspitzen über die Handtrommel gestrichen.
Der Regenbogen wird durch einmaliges Streichen über das Glockenspiel dargestellt.

Bildkarten „Die Wolken spielen verrückt"

Himmel	Wolken	Sonne
Wind	Regen	Regenbogen

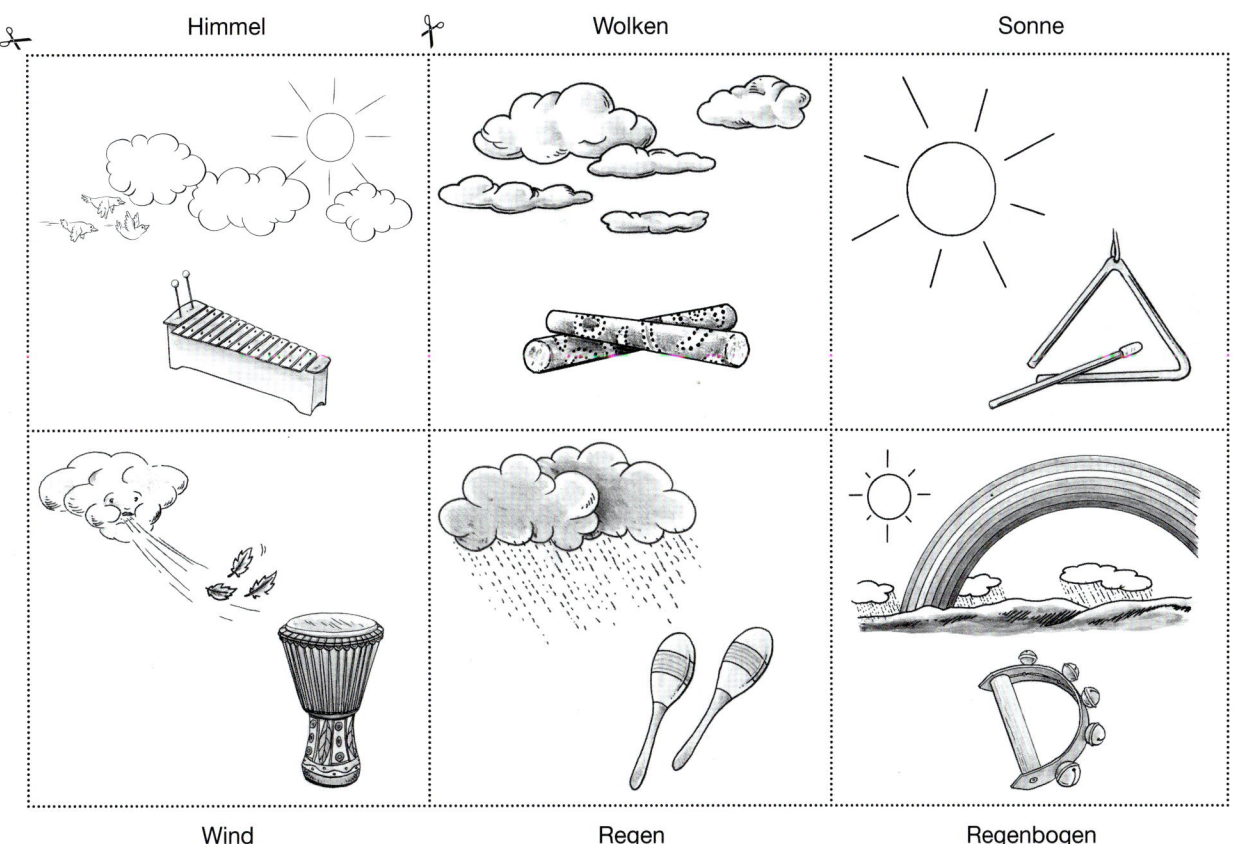

Wetter und Klima

Die Wolken spielen verrückt (2)

ab 3 Jahren

Geschichte:

Es war einmal vor langer Zeit, da spielten die **Wolken** auf der Erde verrückt. Die **Wolken** zogen mal langsam, mal schnell und verdunkelten den Himmel. Dabei ließen sie den **Regen** leicht tröpfeln oder gossen den **Regen** in Strömen über die Erde.

Die **Sonne** am **Himmel** sah sich das Treiben der **Wolken** an und wunderte sich jeden Tag mehr über das wilde Durcheinander. An einem besonders wilden Tag wurde der **Sonne** vom Zusehen richtig schwindelig und sie rief: „Stopp, hört auf ihr **Wolken**!"
Alle **Wolken** stoppten und sahen zur **Sonne**. „Ich kann euch nicht mehr zusehen. Könnt ihr nicht etwas Ordnung in euer Durcheinander bringen?" Die **Wolken** sahen erstaunt nach oben. Was meinte die **Sonne**? Es war doch alles in bester Ordnung!
Da meldete sich auch der **Wind** zu Wort: „Die **Sonne** hat recht! Ich will euch nach rechts pusten, doch ihr schwebt nach links. Ihr macht nur, was ihr wollt!"
Da dachten die **Wolken** nach. „Was schlagt ihr beiden denn vor?"
Die **Sonne** strahlte, weil ihr eine tolle Idee kam: „Wir erfinden das Gewitter!"
„Das Gewitter?" Die **Wolken** schauten ratlos und auch der **Wind** war verdutzt.
„Ja, das Gewitter! Es ist wie ein Theaterstück oder ein Film. Jeder bekommt eine Rolle, die er in einem bestimmten Ablauf spielen muss."

Die **Wolken** und der **Wind** waren von der Idee begeistert. Sie überlegten, wie der Ablauf des Gewitters sein sollte. Gemeinsam legten sie eine Reihenfolge fest: Zuerst stand die **Sonne** strahlend am **Himmel**. Keine **Wolke** war zu sehen. Dann pustete der **Wind** kräftig, bis der **Himmel** mit **Wolken** bedeckt und die **Sonne** gar nicht mehr zu sehen war. Bald wurden die **Wolken** am **Himmel** grau und fingen an zu blitzen und zu donnern. Sie ließen **Regen** fallen, erst leicht tröpfelnd, dann immer stärker. Alle gaben ihr Bestes.

Nach einer Weile ließ der **Wind** wieder nach und auch der **Regen** wurde immer schwächer. Die **Wolken** wurden weißer und weißer und der **Himmel** wurde wieder heller. Hinter den **Wolken** schien die **Sonne** hervor.
Doch was war das? In einem großen Bogen strahlten viele Farben über dem **Himmel**: ein **Regenbogen**! Die **Sonne** und der **Regen** hatten ihn gemacht!

Staunend betrachteten die **Wolken** den **Regenbogen**. Auch der **Wind** und die **Sonne** erfreuten sich an der bunten Farbenpracht des **Regenbogens**. Alle waren stolz auf sich.
„Wir haben das gemeinsam gemacht!", riefen sie sich zu.
Es gefiel ihnen so sehr, dass sie es heute noch machen: Erst verdunkelt der **Wind** mit den **Wolken** den **Himmel**. Der **Regen** fällt auf die Erde, während es donnert und blitzt. Wenn die **Sonne** wieder scheint und es noch leicht regnet, sieht man schließlich einen wunderschönen **Regenbogen** in seinen vielen Farben leuchten.

Massagegeschichte: Ein Gewitter zieht auf

ab 3 Jahren

Material:
Geschichte (s. u.), 1 Yogamatte oder weiche Unterlage für jedes Kind, evtl. entspannende Musik

Arbeitsanleitung:
Die Kinder finden sich paarweise zusammen. Entweder legt sich ein Kind auf einer weichen Unterlage auf den Bauch und das andere kniet daneben oder ein Kind setzt sich mit dem Rücken zum anderen Kind. Nach der Geschichte tauschen die Kinder die Plätze und sie wird noch einmal vorgelesen. Die Kinder können sich auch gemeinsam in einen Kreis setzen und sich die Rücken zudrehen. So können alle gleichzeitig massieren und massiert werden. Die Geschichte wird mit ruhiger Stimme vorgelesen. Entspannende Musik kann zur Untermalung leise im Hintergrund laufen.

Geschichte:
Die Sonne scheint warm und sendet ihre Strahlen über die ganze Erde.
(Eine Hand flach auf den Rücken legen und mit dem Zeigefinger der anderen Hand Strahlen auf den Rücken malen.)

Ein leichter Wind kommt auf.
(Die Hände streichen zart und langsam über den Rücken und die Schultern.)

Der Wind frischt auf und treibt Wolken zu uns.
(Die Bewegungen werden schneller und mit leichtem Druck ausgeführt.)

Es beginnt zu blitzen ...
(Mit dem Zeigefinger Blitze auf den Rücken malen.)

und zu donnern.
(Mit Fäusten vorsichtig auf den Rücken klopfen.)

Der Regen prasselt auf die Erde.
(Mit den Fingerspitzen sanft auf den Rücken trommeln.)

Nach einiger Zeit treibt der Wind die Wolken wieder auseinander.
(Die Hände streichen von der Wirbelsäule nach außen.)

Nach und nach wird der Regen weniger und hört langsam auf.
(Mit den Fingerspitzen nur noch wenig und leicht auf den Rücken trommeln.)

Die Sonne kommt wieder hervor und sendet ihre Strahlen über die ganze Erde.
(Eine Hand flach auf den Rücken legen und mit dem Zeigefinger der anderen Hand Strahlen auf den Rücken malen.)

Der Erdboden

ab 4 Jahren

Material:
kleine Schaufeln, verschließbare Becher oder Gläser (z. B. ausgewaschene Marmeladengläser), Kamera, Farbdrucker, DIN-A4-Blätter in der Anzahl der Proben, 1 wasserfester Stift, Buntstifte

Vorbereitung:
Gemeinsam mit den Kindern wird ein Ausflug ins Außengelände, in einen Wald, in einen Park oder zu einem Feld gemacht. Die Aufgabe der Exkursion besteht darin, an verschiedenen Stellen Sand- und Erdproben zu sammeln. Die Kinder schauen sich den Boden an und geben mit einer kleinen Schaufel eine Probe davon in ein Glas. Das Glas wird von der Erzieherin beschriftet und die Umgebung der Entnahmestelle von den Kindern fotografiert. Die Erdproben können vom Waldboden, Ackerboden, aus Blumenbeeten, vom Wegesrand oder aus dem Sandkasten entnommen werden. Es sollten insgesamt ca. 6–8 Proben gesammelt werden.

Arbeitsanleitung:
Zurück in der Einrichtung setzen sich die Kinder um einen Tisch. Die Gläser mit den verschiedenen Erdproben werden darauf gestellt. Die Kinder betrachten die Erdproben und beschreiben das Aussehen. Sie können sie auch befühlen oder daran riechen. Folgende Fragen können dabei helfen:

- Welche Farbe hat die Probe?
- Ist sie nass oder trocken, glitschig oder bröselig, hart oder weich?
- Klebt sie an den Fingern oder rieselt sie durch?
- Wie riecht die Probe?
- Kann die Probe benannt werden? Ist es Sand, Kies, Waldboden oder Blumenerde?

Die Kinder stellen fest, dass es unterschiedliche Bodenarten gibt.

Die Erdproben werden an einem Platz im Zimmer aufgestellt. Die Fotos von dem Ausflug werden ausgedruckt und zu den Proben sortiert.

Gemeinsam mit den Kindern werden Wissenskarten zu den Proben erstellt. Die Erzieherin schreibt die Bezeichnungen der Proben jeweils auf ein DIN-A4-Blatt. Dann malen die Kinder dazu, welche Farbe die Probe hat oder wo sie diese gefunden haben. Das Gefühl beim Anfassen beschreiben die Kinder zum Beispiel mit Zeichnungen von fröhlichen oder traurigen Gesichtern. Ebenso lässt sich der Geruch verbildlichen. Die Proben können auch nach Farben sortiert werden, zum Beispiel von hell nach dunkel. So haben die Kinder die Vielfalt der Erde direkt vor Augen und haben ihre eigene kleine Forschungsstation aufgebaut.

Hören, wie Steine klingen

ab 3 Jahren

Material:
1 Backblech, 1 Holzbrett, 1 kleiner Stein, Kies, Blechdosen, leere und ausgewaschene Joghurtbecher, Toilettenpapierrollen, Luftballons, Schachteln, Schere, Kleber, Papierreste, Wolle

So klingt der Stein:
Die Kinder versammeln sich um einen Tisch, auf den die Erzieherin ein Backblech und ein Holzbrett legt. Aus geringer Höhe wird ein kleiner Stein auf das Blech und auf das Holzbrett fallen gelassen. Die Kinder beschreiben: Wie hat es sich angehört? War ein Ton lauter als der andere?

Rasseln basteln:
Aus den Materialien (Blechdosen, Joghurtbecher usw.) sucht sich jedes Kind einen Klangkörper aus, gibt etwas Kies hinein und baut damit eine eigene Rassel. Die Kinder verschließen die Rasseln mit Papierresten und Kleber, die Luftballons werden mit Wollfäden zugeknotet. Wenn jedes Kind seine Rassel gebaut hat, gibt es eine kleine Hörprobe. Nacheinander spielen alle Kinder ihre Rasseln vor. Welche sind laut und welche leise? Wie unterscheiden sich die Geräusche?

Rasselspiel (ab 5 Jahren):
Alle Rasseln liegen auf dem Tisch und die Kinder sind ganz leise. Ein Kind schließt die Augen. Ein anderes Kind nimmt eine Rassel und rasselt damit. Dann legt es die Rassel zurück auf den Tisch. Das Kind öffnet jetzt wieder die Augen und versucht, durch Ausprobieren und genaues Hinhören die richtige Rassel zu finden. So können mehrere Runden gespielt werden.

Die Erdkruste bewegt sich (1)

ab 4 Jahren

Die Erdkruste besteht aus sieben großen Kontinentalplatten und vielen kleineren Stücken, die einem Puzzle gleichen. An den Rändern dieser Platten kommt es immer wieder zu Verschiebungen. Auf diese Weise sind über viele Jahrtausende Berge und Täler entstanden. In Erdbeben spüren wir die Bewegung der Platten noch heute.

Material:
1 Kunststoffwanne, Wasser, 2 Küchenbrettchen aus Holz

Die Erdkruste bewegt sich (2)

ab 4 Jahren

Einstieg:
Die Kinder versammeln sich in einem Kreis. Gemeinsam überlegen sie, wie sie sich die Erdkruste vorstellen. Anschließend wird ihnen erklärt, dass die Erdkruste nicht fest miteinander „verwachsen" ist, sondern aus einzelnen Platten besteht. Dies wird ihnen durch drei Versuche verdeutlicht. Während der Versuche beschreiben immer erst die Kinder ihre Beobachtungen, bevor die Erzieherin eine Erklärung dazu gibt.

Versuch 1: Die Erdplatten
Eine Kunststoffwanne wird vor die Kinder auf einen Tisch gestellt und mit Wasser gefüllt. Auf die Wasseroberfläche werden zwei Küchenbrettchen aus Holz gelegt. Das Wasser steht für das flüssige Erdinnere, die Brettchen für die Platten der Erdkruste. Die Brettchen schwimmen ruhig auf dem Wasser. **Wichtig:** Die Kinder erfahren, dass die Erdkruste nicht am Meer aufhört, sondern unter der Wasseroberfläche weitergeht!

Versuch 2: Das Erdbeben
Wenn sich die Platten bewegen, können wir dies anhand eines Erdbebens spüren. Die Kinder schieben die Küchenbrettchen übereinander und wieder voneinander weg. Dabei wackeln die Brettchen stark hin und her. Genau das passiert auch mit den Erdplatten. An den Stellen, an denen die Platten zusammengeschoben werden, kommt es zu Erdbeben. Eine Spielfigur oder ein Turm aus Bausteinen wird auf die Brettchen gestellt. Was passiert, wenn sich die Bretter bewegen und verschieben?

Versuch 3: Berge und Täler
Wenn sich zwei Platten zusammenschieben, spüren wir nicht nur die Erde beben, sondern es entstehen über Jahrtausende auch Berge und Täler. Dies geschieht auf unterschiedliche Weise:

1. Die Brettchen werden direkt nebeneinander flach auf den Boden gelegt. Werden sie nun auseinandergezogen, bleibt zwischen ihnen eine Vertiefung. Die Vertiefung ist das Tal und die Brettchen bilden die Berge.

2. Wenn sich zwei Platten aneinander vorbeibewegen, können Berge entstehen. Die Brettchen liegen wieder flach nebeneinander und werden mit etwas Druck zusammengedrückt, bis sie sich gegenseitig hochschieben und eine Art Dach bilden. Ein Berg ist entstanden.

3. Manchmal entsteht auch ein Berg dadurch, dass sich eine Erdplatte über eine andere Erdplatte schiebt. Auch dies kann mit den Brettchen demonstriert werden. Das Brettchen, das sich über das andere schiebt, bildet dabei den Berg.

Rückseite Bildkarten (1)

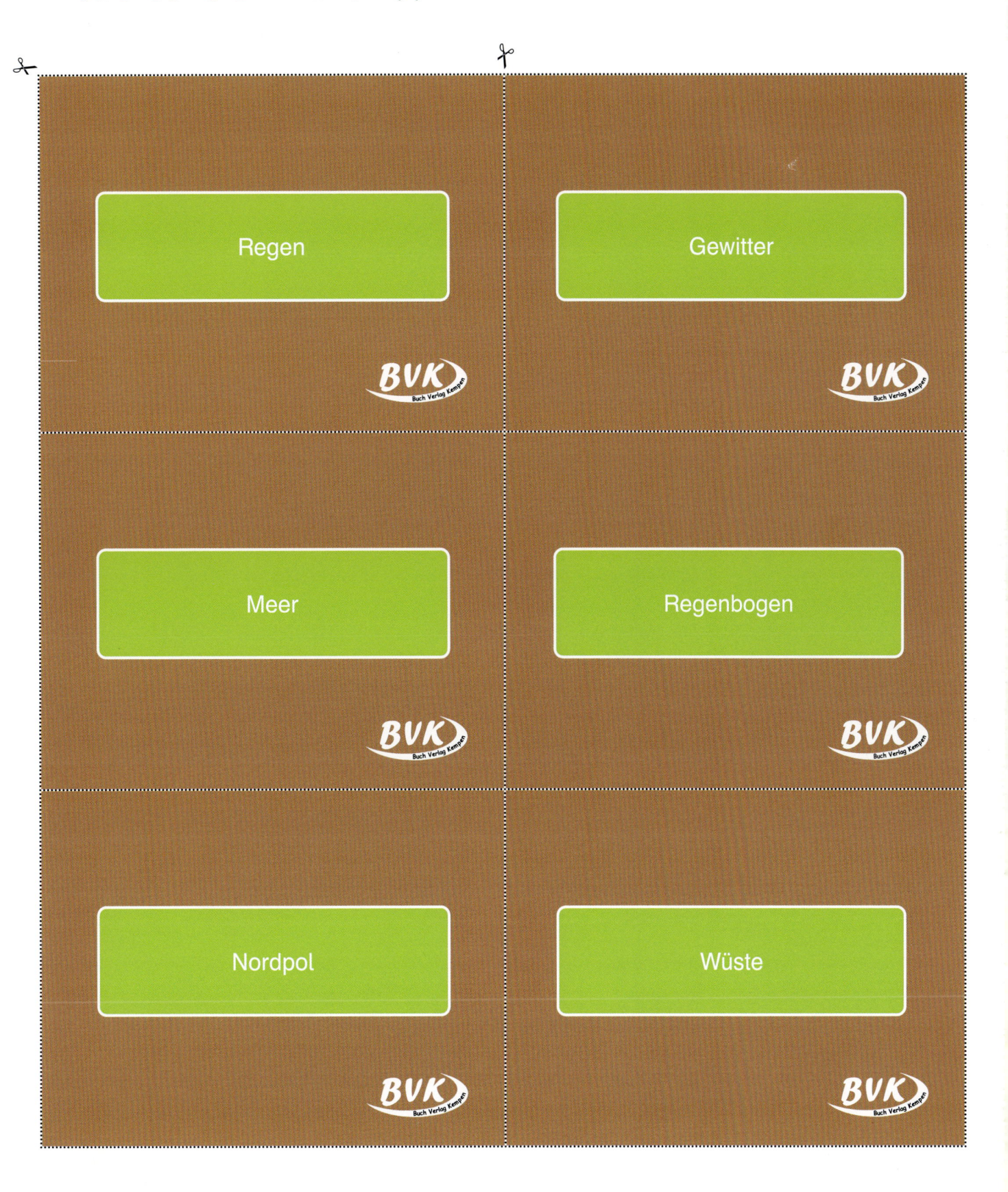

Regen	Gewitter
Meer	Regenbogen
Nordpol	Wüste

23

Bildkarten (1)

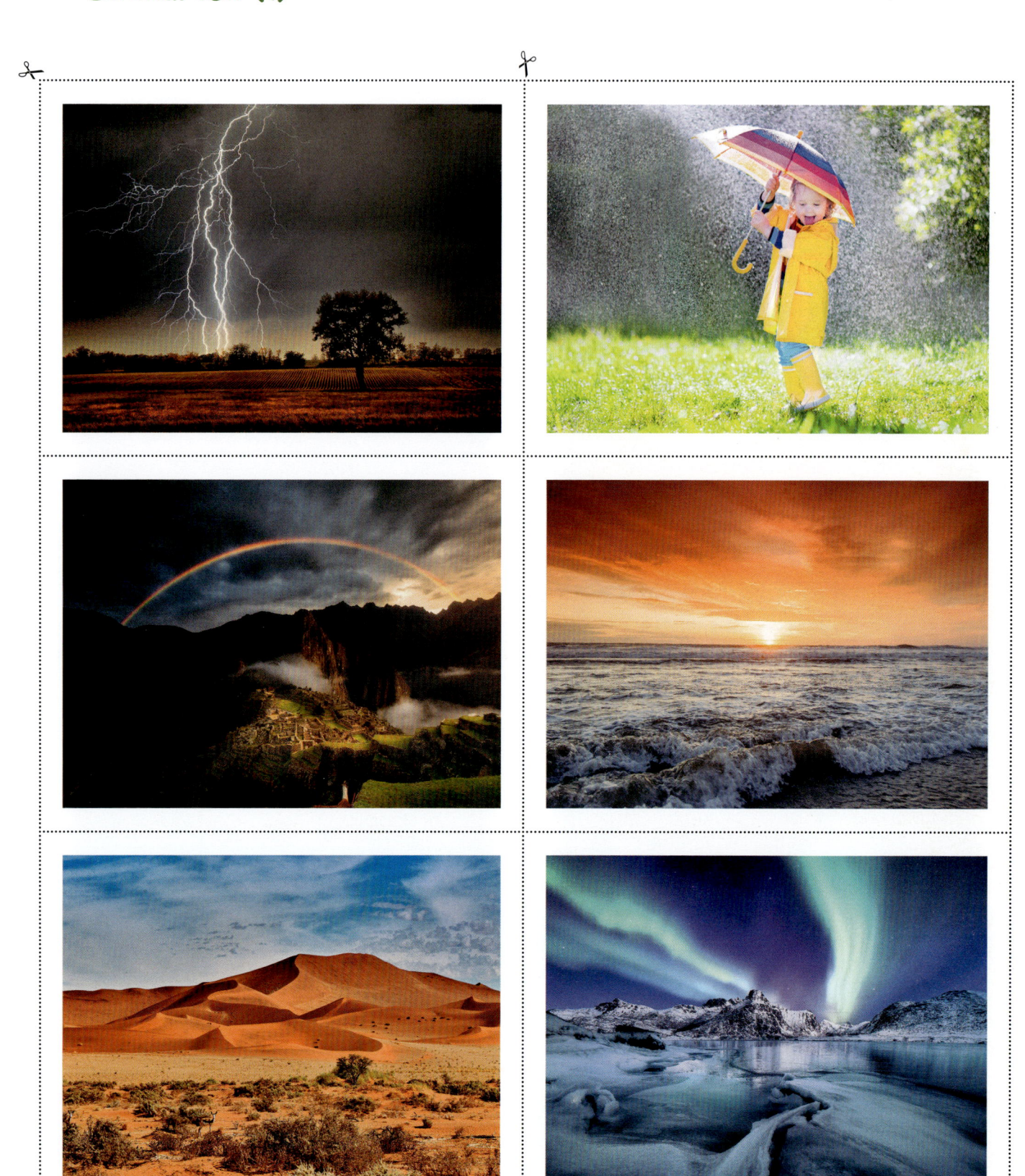

24

Rückseite Bildkarten (2)

Berge	Sturm
Windräder	Vulkan
Kläranlage	Müll im Meer

25

Bildkarten (2)

26

Bildkarten (3)

27

Rückseite Bildkarten (3)

Sonne	Regenwald
Wind	Hagel
Schnee	Wolken

Bildkarten (4)

Rückseite Bildkarten (4)

Erdkugel mit Nordamerika und Südamerika

Erdkugel mit Europa, Asien, und Afrika

Taststraße

ab 2 Jahren

Material:
verschiedene Steine, Kies und unterschiedliche Sandsorten, mehrere tiefe Schalen, alte Löffel, Siebe, Wasser, evtl. 1 Kamera, Farbdrucker

Vorbereitung:
Steine in unterschiedlichen Größen und verschiedene Sandsorten werden gesammelt, zum Beispiel im Außengelände oder auf einem Spaziergang. Es ist auch möglich, bei einem Bauunternehmen nachzufragen, um Kies sowie feinen und grobkörnigen Sand zu erhalten.

Arbeitsanleitung:
Gemeinsam mit den Kindern werden Steine, Kies und Sand – zum Beispiel von grob bis fein – in die Schalen sortiert. Anschließend werden die Schalen auf einen Tisch gestellt, zu dem die Kinder einen ständigen Zugang haben. In der nächsten Zeit können sie immer wieder an den Tisch zurückkehren, fühlen und mit Sieben, Löffeln und Wasser experimentieren. Beobachtungsfragen sind zum Beispiel: Wie verändert sich das Material, wenn es nass ist? Lässt es sich verformen? Kann man daraus etwas bauen?
Anschließend geht die Erzieherin gemeinsam mit älteren Kindern (ab 4 Jahren) auf eine Foto-Safari. Dabei fotografieren die Kinder Steine, Kies und Sand. In der Einrichtung werden die Fotos ausgedruckt und besprochen: Wie sehen die Steine oder Sandkörner aus?

Frottage mit Blättern

ab 3 Jahren

Material:
weißes Papier in DIN A5, Laubblätter, Wachsmalstifte, evtl. 1 großes Blatt (z. B. in DIN A1), Schnüre, Schere, Kleber

Arbeitsanleitung:
Auf einem Spaziergang werden abgefallene Laubblätter gesammelt. Zurück in der Einrichtung nehmen sich die Kinder weißes Papier, unter das sie ein Laubblatt legen. Die Blattadern zeigen dabei nach oben. Mit der langen Seite eines Wachsmalstiftes reiben sie nun über das Papier. Die Blattadern werden übertragen und hinterlassen ein schönes Muster auf dem Papier.
Die Frottage-Blätter können ausgeschnitten und mit Schnüren an der Decke befestigt werden. Alternativ kann ein Baum mit mehreren Ästen auf ein großes Blatt gemalt werden, der dann mit den ausgeschnittenen Frottage-Blättern verziert wird. Wenn Wachsmalstifte in verschiedenen Farben für die Frottage benutzt werden, entsteht eine bunte Baumkrone. Alternativ kann so auch eine sommerliche, grüne oder eine herbstliche, orange-braune Baumkrone entstehen.

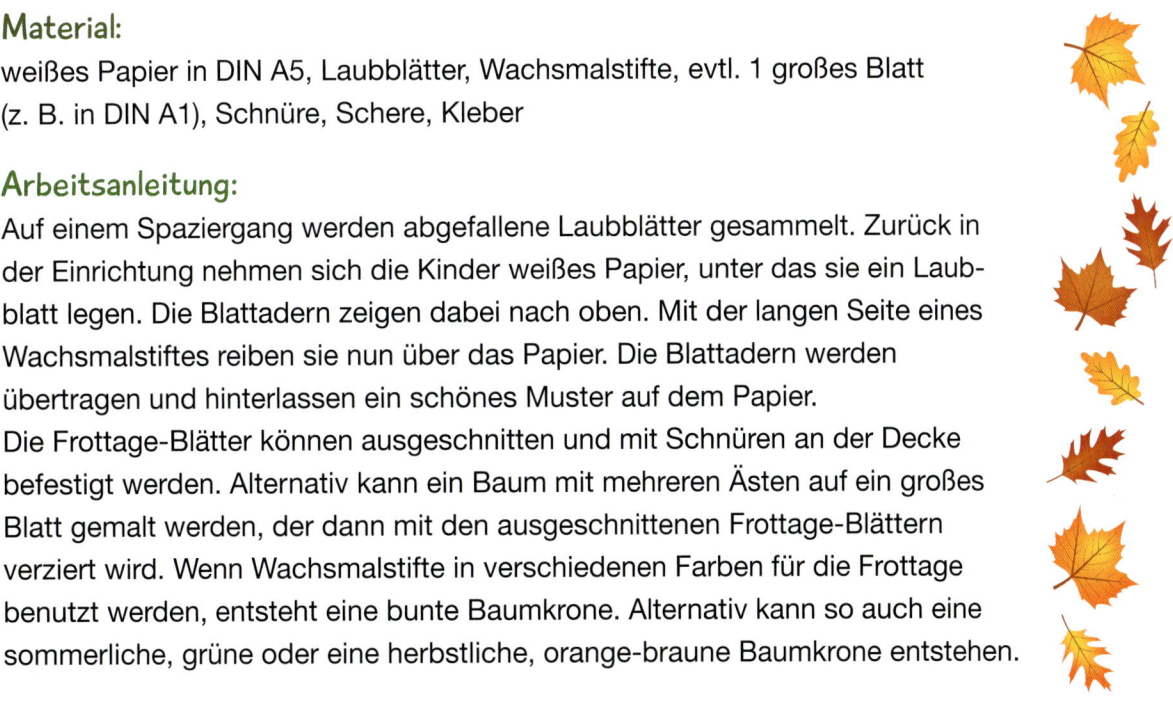

Ein aktiver Vulkan

ab 4 Jahren

Material:
selbsttrocknender Ton, Acrylfarbe in Schwarz, Pinsel, 1 dicker Bleistift, Backpulver, Wasser, Lebensmittelfarbe in Rot, Haushaltsessig, 1 Teelöffel, 1 Tasse, 1 volle Flasche Mineralwasser mit Kohlensäure, 1 altes Tuch

Einen Tonvulkan bauen:
Jedes Kind erhält ein Stück Ton etwa in der Größe eines Apfels. Daraus formen die Kinder einen Berg, in dessen Spitze mit einem dicken Bleistift ein Loch gebohrt wird. Dabei darf der Boden nicht durchstoßen werden. Nur so bleibt der Vulkan für den späteren Versuch dicht. Nach ein bis zwei Tagen ist der Ton getrocknet und der Vulkan wird mit der schwarzen Acrylfarbe bemalt.

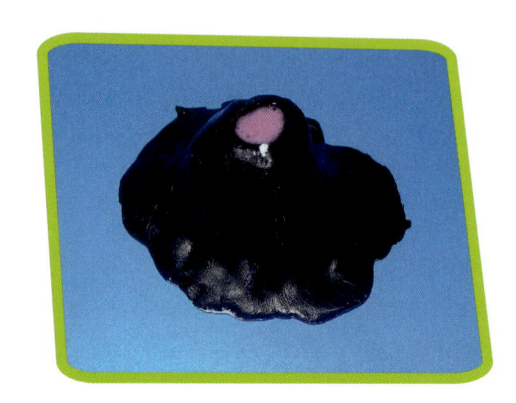

Versuch:
Das Backpulver wird mit einem Teelöffel in den Schlot des Tonvulkans gefüllt. Anschließend wird etwas Haushaltsessig in eine Tasse gegeben und bei Bedarf mit etwas Wasser verdünnt. Ein paar Tropfen rote Lebensmittelfarbe lassen die Mischung wie echte Lava aussehen. Nun wird der gefärbte Essig vorsichtig in den Schlot des Vulkans geschüttet. Die Kinder beobachten den Versuch und beschreiben, was nun passiert. Im Tonvulkan blubbert es, bis die farbige Flüssigkeit nach oben steigt und wie echte Lava aus dem Schlot hinausläuft.

Erklärung: Das Backpulver enthält Natron, das mit dem Essig reagiert. Dabei ist Kohlendioxid entstanden. Dadurch blubbert die Mischung im Inneren des Schlots und die Flüssigkeit wird aus dem Vulkan gedrückt. So ähnlich reagieren auch die Gase in echten Vulkanen.

Erweiterung:
Viele Vulkane verhalten sich aber nicht so ruhig wie der Vulkan in diesem Experiment. Dies kann in einem weiteren Versuch mit einer Wasserflasche demonstriert werden. Eine Flasche mit kohlensäurehaltigem Mineralwasser wird kräftig geschüttelt und dann geöffnet. **Vorsicht:** Die Flasche wird von den Kinder weggehalten und der Boden mit einem alten Tuch abgedeckt. Alternativ wird der Versuch draußen durchgeführt. Die Kinder beschreiben, was sie sehen und hören.

Erklärung: Wie das Mineralwasser enthält auch Magma Gase. Vor dem Ausbruch eines Vulkans entsteht oft ein großer Druck. Manchmal verschließt auch ein Gesteinsbrocken den Krater, wie in diesem Versuch der Flaschendeckel. Wenn der Druck im Innern des Vulkans zu groß wird, wird irgendwann der Krater aufgesprengt und der Druck kann entweichen.

Einen Vulkan malen

ab 3 Jahren

Material:
Tonpapier in Grau, Schere, Kleber, weiße DIN-A3-Blätter, Fingerfarben in Rot, Gelb, Orange und beliebigen weiteren Farben

Arbeitsanleitung:
Die Kinder schneiden aus dem grauen Tonpapier die Form eines Vulkans aus und kleben diese auf ein DIN-A3-Blatt. Anschließend malen sie mit Fingerfarben Lava in Rot, Gelb und Orange auf den Vulkan. Danach können die Kinder die Umgebung gestalten, zum Beispiel können sie einen grünen Regenwald oder ein blaues Meer um den Vulkan malen. Der Fantasie sind keine Grenzen gesetzt.
Im Anschluss kommt die Erzieherin mit den Kindern zu einem Sitzkreis zusammen. Nun erzählt jedes Kind etwas zu seinem Bild. Mögliche Fragen sind zum Beispiel: Wo befindet sich der Vulkan? Welche Landschaft ist auf dem Bild zu erkennen? Am Ende können alle Vulkanbilder an einer Wand im Gruppenraum aufgehängt werden. Eine wilde und bunte Vulkanlandschaft ist entstanden.

Der Vulkan unter Wasser

ab 4 Jahren

Material:
1 großes Einmachglas, 1 kleine Flasche (sie muss in dem Einmachglas untertauchen können), 1 Schnur, Lebensmittelfarbe oder Tinte in Rot, warmes Wasser, kaltes Wasser, Schere

Arbeitsanleitung:
Die Erzieherin versammelt sich mit den Kindern um einen Tisch. Ein etwa 30 cm langes Stück wird von der Schnur abgeschnitten. Sie wird so um den Flaschenhals der kleinen Flasche geknotet, dass man sie langsam hochheben kann. Das Einmachglas wird etwa zu dreiviertel mit kaltem Wasser gefüllt. Das warme Wasser wird in die kleine Flasche geschüttet, sodass diese vollständig gefüllt ist. Dann wird etwas rote Lebensmittelfarbe oder Tinte dazugegeben. Nun wird die kleine Flasche an der Schnur festgehalten und langsam und gerade in dem Einmachglas untergetaucht. Das warme, farbige Wasser fließt wie Lava in das kalte Wasser. Kurz darauf ist das warme Wasser vollständig nach oben an den Rand des Einmachglases geströmt.

Hinweis:
Wäre das rote Wasser Lava, würde es mit der Zeit erstarren. So wächst der Unterwasservulkan immer weiter, bis er irgendwann die Wasseroberfläche durchstößt. Eine neue Insel entsteht.

Der Vulkanausbruch (1)

ab 4 Jahren

Material:
Geschichte (s. S. 35), 1 Triangel, 2 Klangstäbe, 1 Handtrommel, 1 Gong oder Becken, 2 große Plastikschüsseln, 2 kleine Plastikschüsseln, Wasser, Krepppapier in Rot, Tonpapier in Hellgrau und Dunkelgrau, Bleistift, Schere

Vorbereitung:
Auf das dunkelgraue Tonpapier wird ein Vulkan mit einem Krater gezeichnet und ausgeschnitten. Aus dem roten Krepppapier werden 8 bis 10 Streifen (ca. 1 x 30 cm) zugeschnitten. Ein ovaler Stein in der Größe des Vulkankraters wird aus dem hellgrauen Tonpapier ausgeschnitten. Für die Wassertrommeln werden die beiden großen Plastikschüsseln mit Wasser gefüllt. Die kleineren Plastikschüsseln werden mit der Öffnung nach unten hineingestellt.

Arbeitsanleitung:
Die Kinder setzen sich in einen Halbkreis. Der Vulkan wird in die Mitte gelegt und der hellgraue „Stein" oben auf der Spitze des Vulkans platziert. Nun wird den Kindern die Geschichte vorgelesen. An den entsprechenden Stellen wird der graue Stein entfernt und die Krepppapierstreifen werden auf den Vulkan gelegt. Dabei kommen noch keine Instrumente zum Einsatz.

Anschließend werden die Instrumente nach und nach mit den Kindern besprochen und ausprobiert:
- Wie hören sich die unterschiedlichen Instrumente an?
- Gibt es Unterschiede im Klang?
- Wie kann man die Lautstärke beeinflussen? Wie spielt man leise und wie spielt man laut?

Die Kinder überlegen, was bei dem Vulkanausbruch vertont werden kann und welche Instrumente sich für welche Textzeilen eignen würden.
Nun werden die Rollen verteilt. Die Verteilung kann von der Erzieherin übernommen werden oder die Kinder entscheiden sich selbst für die Instrumente. Ein Kind legt die Geschichte, während die übrigen Kinder jeweils das passende Instrument spielen.

Hinweis:
Bevor die Klanggeschichte in einem Stück vorgelesen und vorgespielt werden kann, müssen die Rollen Schritt für Schritt geübt werden.
Der Vulkanausbruch kann auch mit vertauschten Rollen wiederholt werden. Vielleicht möchte dabei schon ein Kind die Rolle der Erzieherin übernehmen und die Geschichte erzählen. Als Alternative zu den hier angegebenen Instrumenten können sich die Kinder auch selbst Instrumente ausdenken und ausprobieren, welche Klänge und Lautstärken für welche Textzeilen geeignet sind.

Der Vulkanausbruch (2)

ab 4 Jahren

Geschichte	Instrumente und Hinweise
Heute ist ein wunderschöner Tag auf der Erde. Die Sonne scheint und alles ist friedlich.	*Triangel anschlagen*
Doch aus einem Vulkan kommt leises Grollen, das immer lauter wird.	*leicht und leise auf die Klangstäbe schlagen, immer lauter werden*
Mit einem lauten Knall sprengt der Krater auf und der Vulkan bricht aus.	*fester Schlag auf Gong oder Becken, Stein von Vulkanspitze entfernen*
Die Lava im Innern des Vulkans steigt zischend höher und höher.	*mit den Fingern über die Handtrommel streichen*
Mit lautem Zischen tritt die Lava aus dem Krater aus und fließt den Vulkan hinab.	*auf die Wassertrommeln schlagen, Krepppapierstreifen auf den Vulkan legen*
Zum Glück ist es bald vorbei. Nur noch wenig Lava fließt aus dem Vulkan hinaus.	*vorsichtiger und leiser auf die Wassertrommeln schlagen*
Endlich ist der Vulkanausbruch vorbei. Die Lava erkaltet und die Sonne strahlt wieder.	*Triangel anschlagen*

Die Landschaften unserer Erde (1)

ab 3 Jahren

Material:
jeweils 1 Bild: Erde, Wüste, Berge, Meer, Regenwald, Nordpol (s. Farbbogen in der Heftmitte), 6 DIN-A4-Blätter, Schere, Kleber, 1 Heftstreifen, Locher, Geschichte (s. S. 36–37)

Vorbereitung:
Die Bilder werden ausgeschnitten und jeweils auf ein DIN-A4-Blatt geklebt. Danach werden die Blätter gelocht und mit einem Heftstreifen aneinandergeheftet. Die Reihenfolge ist dabei: Erde, Wüste, Berge, Meer, Regenwald und Nordpol. Dieses Buch ist der Reiseführer durch die verschiedenen Landschaften unserer Erde.

Arbeitsanleitung:
Im Bewegungsraum setzen sich die Kinder in einen Kreis. Der Reiseführer wird in die Mitte gelegt und das erste Bild (die Erde) betrachtet. Die Erzieherin erklärt, dass es auf der Erde verschiedene Landschaften gibt, die heiß, hoch, nass und kalt sein können. Anschließend wird die erste Seite des Buches umgeblättert und die Bewegungsgeschichte erzählt.

Die Landschaften unserer Erde (2)

ab 3 Jahren

Geschichte	Bewegung
Gemeinsam wollen wir die Landschaften der Erde entdecken. Die Orte liegen sehr weit voneinander entfernt. Deshalb fliegen wir zu unserem ersten Reiseziel.	*Die Kinder betrachten das erste Bild und erkennen eine Wüste. Sie „fliegen" mit ausgebreiteten Armen durch den Raum. Auf ein Signal bleiben sie stehen.*
Wir sind in der Wüste angekommen. Um uns herum ist nur weicher, feiner Sand. Wir lassen ihn durch unsere Finger rieseln.	*Die Kinder bücken sich und nehmen mit beiden Händen „Sand" auf, den sie durch die Finger rieseln lassen.*
Oje, der Sand wird ganz schön heiß!	*Die Kinder tippeln auf den Zehenspitzen.*
Kommt, wir schauen nach, welche Landschaft wir als Nächstes besuchen.	*Die Kinder tippeln in die Mitte und die nächste Seite wird aufgeschlagen.*
Es sind Berge! Dahin fliegen wir jetzt.	*Alle fliegen wieder durch den Raum.*
Hier besteigen wir einen Berg, der immer steiler wird.	*Die Kinder laufen umher und werden immer langsamer.*
Jetzt müssen wir sogar klettern!	*Die Kinder „klettern". Dabei treten sie auf der Stelle und recken die Arme nach oben.*
Endlich sind wir oben auf dem Berg angekommen. Ist das eine herrliche Aussicht!	*Mit dem Seemannsblick schauen die Kinder in alle Richtungen.*
Jetzt werfen wir wieder einen Blick in unser Buch. Welche Landschaft erkennen wir?	*Die Kinder betrachten die nächste Seite und benennen das Bild.*
Oh, das Meer! Dahin fliegen wir jetzt.	*Alle fliegen durch den Raum.*
Wir lassen uns ins kühle Wasser fallen.	*Die Kinder hüpfen und rufen laut: „Platsch!"*
Sofort schwimmen wir los. An Land angekommen, schütteln wir das Wasser ab.	*Sie machen Schwimmbewegungen und schütteln sich dann kräftig.*
Das Wasser war eine schöne Abkühlung, aber jetzt ist es Zeit, unsere Reise fortzusetzen. Wer erkennt diesen Ort?	*Die Seite wird umgeblättert und das Bild des Regenwalds gezeigt. Die Kinder dürfen wieder antworten.*
Das ist ein Regenwald! Seht ihr die Bäume dort drüben? Kommt, wir wandern durch den Regenwald.	*Mit dem Seemannsblick schauen die Kinder in eine Richtung, dann laufen sie durch den Raum.*

Die Landschaften unserer Erde (3)

ab 3 Jahren

Geschichte	Bewegung
Die Äste der Bäume hängen sehr tief. Jetzt müssen wir sogar kriechen!	*Sie krabbeln über den Boden.*
Da hängt ein Seil. Nein, das ist kein Seil, das ist eine Liane! Daran klettern wir jetzt hoch.	*Die Kinder ziehen sich mit beiden Händen an einem „Seil" nach oben.*
Bis zur Baumspitze klettern wir und lassen uns kurz auf einem dicken Ast nieder.	*Alle setzen sich in der Gruppe auf den Boden.*
Nun wird es Zeit, uns noch eine Seite des Buches anzuschauen.	*Die Kinder betrachten die nächste Seite: die Landschaft aus Eis und Schnee.*
Seht doch, da waren wir noch nicht. Das ist der Nordpol! Dahin reisen wir als Nächstes.	*Die Kinder fliegen durch den Raum.*
Hier ist es schrecklich kalt. Kommt, wir reiben uns warm.	*Sie reiben sich über Arme und Beine und können sich gegenseitig den Rücken reiben.*
Wir hüpfen auf der Stelle, dann wird uns noch wärmer.	*Die Kinder hüpfen.*
Jetzt können wir den Schnee genießen. Wir formen kleine Kugeln und machen eine Schneeballschlacht. Das wird lustig!	*Alle bücken sich, formen mehrere Kugeln mit den Händen und werfen diese.*
Los, lasst uns Schneeengel machen. Legt euch dazu auf den Boden. Bewegt die Arme an euren Seiten auf und ab und macht die Beine auf und zu. So entstehen Schneeengel.	*Auf dem Boden liegend führen die Kinder die Bewegungen aus.*
Jetzt wird es langsam Zeit, wieder nach Hause zu fliegen.	*Die Kinder fliegen durch den Raum.*
Von der anstrengenden Reise sind wir ganz müde. Legt euch bequem hin. Wer möchte, kann die Augen schließen.	*Sie reiben sich die Augen und gähnen. Die Erzieherin zählt mit leiser Stimme noch einmal alle Stationen der Reise auf. Danach setzen sich die Kinder und erzählen, welche Landschaft ihnen am besten gefallen hat.*

Wir brauchen Pflanzen zum Atmen

ab 4 Jahren

Material:
1 großes Glas, Wasser, Kies, Wasserpest (1 Pflanze, z. B. aus einem Gartencenter)

Arbeitsanleitung:
Die Kinder kommen zu einem Sitzkreis zusammen und werden gebeten, tief ein- und auszuatmen. Sie werden gefragt, was sie gerade eingeatmet haben. Die Kinder werden wahrscheinlich mit „Luft" antworten. Da ist natürlich richtig, allerdings brauchen wir Menschen vor allem den Sauerstoff, der sich darin befindet.

Doch woher kommt der Sauerstoff?

Vielleicht hat eines der Kinder schon die Antwort darauf. Sonst wird erklärt, dass Pflanzen neuen Sauerstoff herstellen. Pflanzen brauchen nämlich nicht nur Sonnenlicht, Erde und Wasser, um zu wachsen, sondern auch das Gas Kohlendioxid. Kohlendioxid wird u. a. von uns Menschen und von Tieren ausgeatmet, wenn der Sauerstoff verbraucht wird. Die Pflanzen wandeln mit Hilfe von Sonnenlicht das Wasser und das Kohlendioxid zu Glukose bzw. Traubenzucker und Sauerstoff um. Das nennt man Fotosynthese. Der Zucker dient als Nährstoff für die Pflanzen, den Sauerstoff brauchen sie nicht. Deswegen wird er in die Luft abgegeben und von Menschen und Tieren eingeatmet.

In folgendem Versuch wird die Fotosynthese für die Kinder sichtbar gemacht:

Die Wasserpest wird in ein großes Glas gestellt. Damit die Pflanze sicher steht, wird im Glas um sie herum Kies aufgeschüttet. Dann wird das Glas bis zum Rand mit Wasser gefüllt. Zum Schluss wird die Pflanze einfach auf die Fensterbank gestellt.

Am nächsten Tag werden Luftbläschen an der Pflanze erkennbar, die sich nach und nach von der Pflanze lösen und nach oben steigen. Die Pflanze hat Sauerstoff hergestellt.

Die Erde und ihre Pflanzen

ab 4 Jahren

Material:
Bild der Erde (s. Farbbogen in der Heftmitte), Malblätter, Buntstifte, Schere, Kleber, Tonkarton in DIN A2 in Blau, Wollfaden

Arbeitsanleitung:
Die Kinder kommen zu einem Sitzkreis zusammen und das Bild der Erde wird in die Mitte gelegt. Es werden einige Stichpunkte zu der Erde gesammelt. Vielleicht erinnern sich die Kinder an bereits besprochene Themen.

Anschließend fragt die Erzieherin, wer und was auf der Erde lebt. Die Kinder werden sicherlich darauf kommen, dass Menschen und Tiere auf der Erde leben. Doch was brauchen sie, um auf der Erde leben zu können? Die Kinder werden wahrscheinlich Antworten geben wie „Luft" oder „Nahrung" und damit letztendlich auch „Pflanzen".

Doch wofür werden Pflanzen benötigt?
Die Kinder können zunächst frei zu dieser Frage erzählen. Falls nötig, können die folgenden Punkte weitere Anregungen geben:

- Pflanzen dienen als Nahrungsmittel (z. B. in Form von Obst und Gemüse oder als Getreidesorten, aus denen z. B. Brot gebacken wird).
- Aus Pflanzen, wie zum Beispiel Baumwolle, wird Kleidung hergestellt.
- Das Holz von Bäumen dient als Baumaterial für Häuser und Möbel.
- Aus Bäumen wird das Papier hergestellt, auf dem wir malen oder lesen.
- Blumen machen die Welt für uns bunter.
- Unter einem Baum finden wir an heißen Sommertagen Schatten.
- Wälder bestehen aus Bäumen. Sie bieten damit vielen Tieren einen Lebensraum.
- Ohne Pflanzen können wir nicht atmen. Sie stellen unseren Sauerstoff her (s. S. 38).

Nach der Gesprächsrunde wird aus dem blauen Tonkarton ein großer Kreis ausgeschnitten, der unsere Erde darstellt. Die Kinder malen nun Pflanzen, die für Menschen und Tiere wichtig sind, auf die Malblätter. Natürlich können sie auch Dinge malen, die aus Pflanzen hergestellt werden, wie Möbel, Häuser oder auch Brot. Diese Bilder werden dann ausgeschnitten und von beiden Seiten auf den Kreis geklebt.
Nach Beendigung der Bastelaktion sticht die Erzieherin mit einer Schere oben in den Tonkarton ein kleines Loch. Ein Wollfaden wird hindurchgefädelt. Nun kann die Erde aufgehängt werden. Sie zeigt anschaulich die Vielfalt der Pflanzenwelt und ihre Wichtigkeit für die Erde.

Tiere auf unserem Planeten

ab 4 Jahren

Material:
Kopiervorlage „Puzzleteil" (s. u.), Buntstifte, 1 Globus, 1 Bild der Erde, Schere, Kleber, Plakat in DIN A2, Farbdrucker, Kindersachbücher zum Thema „Tiere"

Vorbereitung:
Ein Bild der Erde wird aus dem Internet herausgesucht, farbig ausgedruckt und ausgeschnitten. Damit sich der Kreis um die Erde schließt, wird die Vorlage „Puzzleteil" ca. 16 Mal (hoch-)kopiert und ausgeschnitten.

Arbeitsanleitung:
Die Kinder kommen zu einem Sitzkreis zusammen und der Globus wird in die Mitte gestellt. Gemeinsam schauen sich alle den Globus an. Die Kinder beschreiben, was sie sehen: Wasser- und Landflächen. Nun nennen die Kinder verschiedene Tiere, die ihnen einfallen. Spannend ist es, wenn sie ein Tier nennen und dann auf dem Globus schauen, wo es lebt. Wo lebt ein Eisbär, ein Känguru oder ein Delfin? Was wissen sie noch über die Tiere? Was fressen sie oder wie sehen sie aus? Welches Tier mögen sie besonders gern und warum? Bei der Beantwortung der Fragen kann auch ein Kindersachbuch helfen, in dem gemeinsam nachgeschlagen wird.

Die Kinder stellen fest, dass es viele verschiedene Tierarten auf unserer Erde gibt, die in der Luft, im Wasser oder auf dem Land leben. Es gibt kleine Tiere, wie Insekten, oder auch große, wie Elefanten.

Dann erhält jedes Kind ein Puzzleteil und malt ein Tier darauf. Zuvor wird besprochen, wer sich mit welchem Tier beschäftigt, damit auf jedes Puzzleteil ein anderes gemalt wird. Anschließend wird das Bild der Erde in die Mitte des DIN-A2-Plakates geklebt. Die Puzzleteile werden um die Erde herum angeordnet und aufgeklebt. Damit der Kreis der einzelnen Puzzleteile um die Erde geschlossen ist, können die Kinder auch mehrere Teile bemalen. Das Plakat wird mit „Tiere auf unserem Planeten" betitelt und im Gruppenraum aufgehängt.

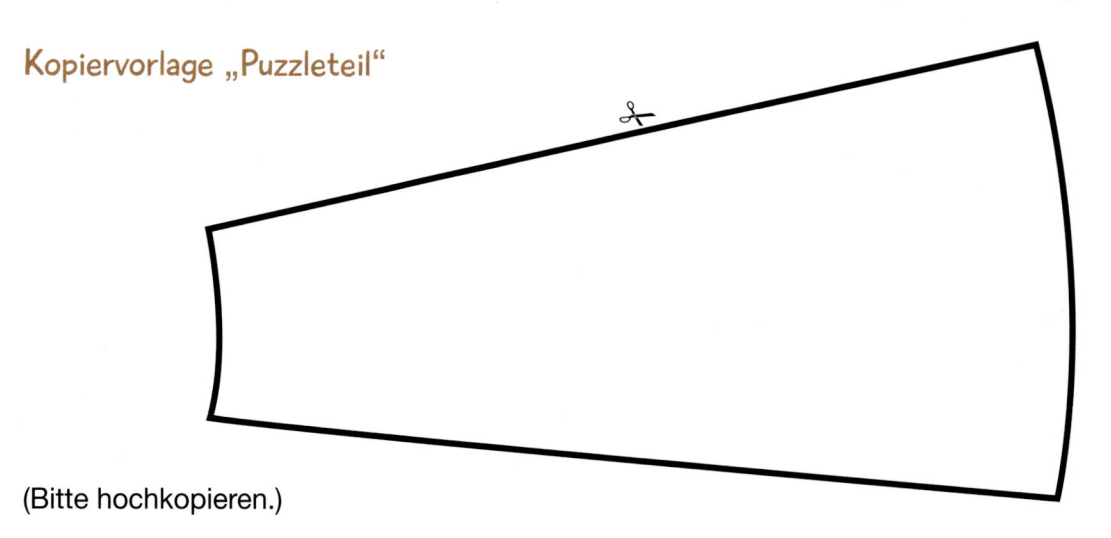

Kopiervorlage „Puzzleteil"

(Bitte hochkopieren.)

Wasser ist überall

ab 3 Jahren

Material:
1 Globus, Plakat in DIN A2, Zeitschriften, Schere, 1 Kleber, 1 kleine Plastiktüte, 1 Faden

Arbeitsanleitung:
Die Kinder kommen zu einem Sitzkreis zusammen. Sie überlegen, wo uns Wasser überall begegnet, zum Beispiel in Bächen, Flüssen, Meeren, Seen und Pfützen. Die Kinder betrachten den Globus und erkennen, wie viel Wasser es tatsächlich auf der Erde gibt.

In einem nächsten Schritt überlegen die Kinder, wofür wir Menschen Wasser brauchen. Hier können sie mit gezielten Fragen unterstützt werden:
Mit was waschen wir unsere Hände? Wie kochen wir Nudeln? Wie waschen wir Geschirr? Was trinken wir? Wie waschen wir Wäsche? Wie gießen wir unsere Blumen?
Die Kinder werden feststellen, dass wir im Alltag sehr viel Wasser für unterschiedliche Dinge brauchen.

Nun bekommen sie die Aufgabe, Bilder aus Zeitschriften auszuschneiden, die mit Wasser zu tun haben. Die Bilder werden dann als Collage auf einem DIN-A2-Plakat aufgeklebt. Vor dem Aufkleben erklärt jedes Kind sein Bild: Was erkennt man auf dem Bild? Was hat es mit Wasser zu tun?

Wasser ist lebensnotwendig für uns Menschen. Die Kinder werden in einem nächsten Schritt also gefragt, warum das so ist. Pflanzen brauchen zum Beispiel Wasser zum Wachsen und ohne Pflanzen haben wir nichts zu essen. Außerdem brauchen wir Wasser zum Trinken. Die Erzieherin erklärt, dass unser Körper ohne Wasser gar nicht funktionieren würde. Unser Blut besteht zum Beispiel zum größten Teil aus Wasser, fließt durch alle Teile unseres Körpers und versorgt diesen mit Nährstoffen und Sauerstoff. Das Wasser hilft uns auch, unsere Körpertemperatur zu regulieren. Der Schweiß kühlt nämlich unseren Körper. Die Kinder überlegen, wann sie schwitzen und woran man das Schwitzen erkennt.

Mit folgendem Versuch lässt sich das Schwitzen anschließend verdeutlichen:
Ein Kind stülpt sich eine kleine Plastiktüte über seine Hand. Die Tüte wird mit einem Faden locker am Arm festgebunden, sodass sie nicht verrutschen kann. Nach einiger Zeit beschreibt das Kind, wie sich die Hand anfühlt.
Der Faden wird nun durchgeschnitten und die Tüte vorsichtig von der Hand gezogen. Die Kinder können jetzt Wasser bzw. Schweiß in der Tüte und an der Hand erkennen. Sie beobachten nach ein paar Minuten, dass der Schweiß auf der Hand verdunstet und so die Hand abkühlt. Durch ausreichendes Trinken wird die beim Schwitzen abgegebene Flüssigkeit im Körper wieder aufgefüllt. Deswegen ist es besonders im Sommer wichtig, viel zu trinken, wenn es sehr heiß ist und wir viel schwitzen.

Pflanzen brauchen Wasser

ab 3 Jahren

Material:
2 Gläser, 2 Schnittblumen, Wasser, Blumenerde, 6 Bohnensamen, 2 Blumentöpfe, 1 DIN-A3-Blatt, Stifte, 2 Notizzettel, 2 Holzspieße, Klebeband, 1 Gießkanne

Versuch 1:
Zwei Gläser werden auf den Tisch gestellt, wobei nur eines davon mit Wasser gefüllt wird. In jedes Glas kommt eine der Schnittblumen. Haben die Kinder eine Idee, was passiert? Nach ein bis zwei Tagen kommen die Kinder wieder um die Blumen zusammen und beschreiben ihre Beobachtungen. Die Blume im Glas mit Wasser blüht, während die andere ihren Kopf hängen lässt. In den nächsten Tagen werden die Blumen immer wieder betrachtet. Den Kindern fällt auf, dass die Blume ohne Wasser viel schneller verwelkt, als die Blume mit Wasser.

Versuch 2:
Die Kinder geben in zwei Blumentöpfe etwas Blumenerde und pflanzen in jeden Topf drei Bohnensamen. In einem Blumentopf werden die Bohnen gegossen, in dem anderen nicht. Der Blumentopf, der gegossen wird, wird mit einem Notizzettel markiert, auf den eine Gießkanne gemalt wird. Mit Klebeband wird der Zettel an einem Holzspieß befestigt und in den Topf gesteckt. Der andere Topf, der nicht gegossen wird, erhält einen Zettel mit einer durchgestrichenen Gießkanne. Auch dieser Zettel wird an einen Holzspieß geklebt und in den entsprechenden Topf gesteckt. So können die Töpfe beim Gießen nicht verwechselt werden. Auf ein DIN-A3-Blatt wird eine Tabelle mit drei Spalten gezeichnet. In der ersten Spalte werden die Tage oder Wochen eingetragen. In der zweiten Spalte wird der Blumentopf eingetragen, der gegossen wird, und in der dritten Spalte der Blumentopf, der nicht gegossen wird. Hier halten die Kinder während des Versuchs ihre Beobachtungen fest.
In den nächsten Tagen und Wochen beobachten die Kinder die Blumentöpfe. In regelmäßigen Abständen, zum Beispiel alle drei Tage, zeichnen die Kinder in der entsprechenden Spalte in der Tabelle auf, wie sich die Bohnensamen entwickeln.
Der Versuch wird nach ein paar Wochen mit dem Ergebnis beendet, dass eine Pflanze nur mit Wasser wachsen kann. Das stellen die Kinder fest, wenn sie die gemalten Blumentöpfe miteinander vergleichen. Außerdem werden die Blumentöpfe am letzten Tag des Versuchs nebeneinandergestellt und gemeinsam betrachtet. Auch hier wird erkennbar, dass nur die regelmäßig gegossene Pflanze gewachsen ist.

Hinweis:
Nach dem Versuch können die Bohnen in den Garten der Einrichtung oder in einen größeren Topf gepflanzt werden. Wenn die Pflanze regelmäßig gegossen wird, können schon bald eigene Bohnen geerntet werden.

Das Wasser wird gefiltert

ab 4 Jahren

Material:
1 Trichter, leere, saubere Plastikflaschen, Filtertüten, 6 – 8 Gläser, 1 Flasche mit Leitungswasser

Arbeitsanleitung:
Nach einem Regenschauer gibt es die Möglichkeit, sich mit den Kindern die entstandenen Pfützen genauer anzuschauen. Die Kinder erhalten dafür leere, saubere Plastikflaschen, die sie jeweils mit Wasser aus verschiedenen Pfützen im Außengelände füllen.

Anschließend kommen die Kinder zurück in den Gruppenraum und stellen ihre Flaschen auf einen Tisch. Alle schauen sich das Wasser in den Flaschen an und beschreiben es. Zum Vergleich wird eine Flasche mit Leitungswasser danebengestellt.
Die Kinder beschreiben die Unterschiede, zum Beispiel dass das Wasser aus den Pfützen trüb ist, darin Schmutz schwimmt oder es braun ist. Es wird die Frage gestellt, wie das dreckige Wasser sauberer werden könnte. Zuerst sammeln die Kinder selbst Ideen.

Die Erzieherin nimmt dann eine Filtertüte und legt diese in einen Trichter. Die Kinder schütten aus einer Flasche ein bisschen Wasser in ein Glas. Das restliche Wasser wird durch die Filtertüte im Trichter in ein anderes Glas geschüttet. Die beiden Gläser werden nebeneinander gestellt. Hat sich das Wasser verändert?
Die Kinder beschreiben, dass das Wasser durch den Filter sauberer geworden ist. Anschließend werden noch weitere Filtergänge durchgeführt, wobei immer etwas Wasser im letzten Glas zurückbleibt. Das Wasser wird nach jedem Durchgang verglichen. Am Schluss sollten ca. 6 – 8 Gläser mit unterschiedlich stark gefiltertem Wasser auf dem Tisch stehen. Die Kinder stellen zum Schluss fest, dass das Regenwasser durch das Filtern immer sauberer wird, aber nicht so klar, wie das Leitungswasser.
Achtung: Dieses gefilterte Wasser ist kein Trinkwasser!

Hinweis:
Auf ähnliche Weise wird auch das Wasser in einer Kläranlage gefiltert, allerdings mit weiteren Filter- und Reinigungsverfahren (z. B. biologische Reinigung durch Mikroorganismen zum Abbau organischer Stoffe und chemische Reinigung zur Entfernung von Phosphor).
Das Wasser wird nach dem Versuch nicht einfach weggeschüttet, sondern kann zum Beispiel zum Blumengießen verwendet werden.

Die Sonne reinigt das Wasser

ab 4 Jahren

Material:
1 Kochtopf, etwas feiner Sand, Leitungswasser, 1 Porzellanschüssel, 2 kleine Steine, Frischhaltefolie, 1 alter Kochlöffel

Arbeitsanleitung:
Der Boden eines Kochtopfs wird etwa 1 cm hoch mit feinem Sand bedeckt. Darauf wird dann etwa viermal so viel sauberes Wasser geschüttet und anschließend mit dem Sand verrührt. Eine schmutzige braune Brühe ist entstanden, fast wie das Regenwasser aus einer Pfütze.

In die Mitte des Topfes wird eine kleine Porzellanschüssel gestellt. Ein kleiner Stein wird in die Mitte der Schüssel gelegt, damit sie nicht schwimmt, sondern in der Mitte des Topfes ihren Platz behält. Das schmutzige Wasser sollte dabei nicht in die Schüssel laufen.

Über den Topf wird Frischhaltefolie gespannt und etwas an den Seiten festgedrückt, damit sie am Topf kleben bleibt. Genau in die Mitte über der Schüssel wird ein kleiner Stein auf die Folie gelegt, damit die Folie über der Schüssel etwas durchhängt.

Nun wird der Topf in die Sonne gestellt. Durch die Sonneneinstrahlung erwärmt sich mit der Zeit das Wasser und kondensiert. Es bilden sich Wassertropfen an der Folie, die durch die Schräge an der Folie entlangfließen und in die Schüssel fallen.

Nach einigen Stunden wird die Folie vom Topf entfernt und das Wasser in der Schüssel gemeinsam mit den Kindern betrachtet. Ist es noch trüb oder ist Sand darin? Die Kinder werden feststellen, dass das Wasser klar ist.

Hinweis:
Falls die Angebote „Der Regen und das Gewitter" (s. S. 13–14) und „Der Wasserkreislauf im Glas" (s. S. 15) schon bearbeitet worden sind, werden sich die Kinder sicher an den Wasserkreislauf erinnern. Sie erkennen, dass das Wasser durch die Sonne sauber in den Wasserkreislauf zurückkehrt.

Wir verbrauchen Wasser

ab 5 Jahren

Material:
mehrere Becher (Fassungsvermögen ca. 300 ml), 1 Bild einer Kläranlage (s. Farbbogen in der Heftmitte), Plakat in DIN A3, Buntstifte

Arbeitsanleitung:
Die Kinder setzen sich an einen Tisch. Die Erzieherin erklärt, dass wir jeden Tag sehr viel Wasser verbrauchen und lässt die Kinder aufzählen, wofür wir Wasser überhaupt verwenden. Es kann hilfreich sein, wenn die Kinder dabei an ihren Tagesablauf denken. Gemeinsam wird dabei veranschaulicht, wie viel Wasser ein Mensch täglich verbraucht. Es werden 7 Becher auf den Tisch gestellt und erklärt, dass dies die Menge Wasser ist, die jeder von uns täglich trinkt. Fürs Waschen und Zähneputzen werden 10 Becher dazu gestellt. Falls noch mehr Becher in der Einrichtung zur Verfügung stehen, können diese nach und nach platziert werden. Ansonsten können sich die Kinder die Mengenangaben in Bechern gut vorstellen.

Weiterer Wasserverbrauch:
- 5–7 Mal Hände waschen am Tag sind noch einmal 8 Becher.
- Für den Gang zur Toilette kommen 20 Becher dazu.
- Das Duschen ergibt weitere 100 Becher und das Baden verbraucht noch viel mehr Wasser.
- Wir brauchen Wasser auch zum Kochen, Spülen oder Wäschewaschen. Das verbraucht noch mehr Becher Wasser als das Duschen.

Für die Gesamtmenge Wasser, die ein Mensch am Tag verbraucht, stellen sich die Kinder eine Badewanne voll Wasser vor. Sie erkennen, dass jeder einzelne sehr viel Wasser verbraucht.

Im zweiten Teil des Angebots überlegen die Kinder, was mit dem Wasser geschieht, dass sie am Tag verbrauchen. Sie werden feststellen, dass dieses Wasser durch Dreck, Seife oder Zahnpasta verschmutzt ist. Das Wasser kann so nicht in den Wasserkreislauf zurück. Doch was muss passieren?

Das Wasser muss gereinigt werden. Das Bild einer Kläranlage wird den Kindern gezeigt. Es wird erklärt, dass das Schmutzwasser in mehreren Schritten gefiltert und gereinigt wird. Das funktioniert so ähnlich wie in dem Versuch „Das Wasser wird gefiltert" (s. S. 43). Danach sind aber noch viele weitere Reinigungsschritte nötig, bis das Wasser wirklich sauber ist. Es ist also sehr aufwendig, Wasser zu reinigen. Deshalb ist es so wichtig, dass Wasser nicht unnötig verbraucht wird. Mit den Kindern werden darum Regeln für die Gruppe aufgestellt, um Wasser zu sparen. Diese Regeln können auf einem Plakat gesammelt und von den Kindern gemalt werden, zum Beispiel: beim Zähneputzen das Wasser nicht laufen lassen oder duschen statt baden.

Hinweis:
Im Rahmen eines Ausflugs kann eine Kläranlage besucht werden, falls sich in der näheren Umgebung eine befindet. Viele bieten Führungen bereits für Vorschulkinder an.

Die Kraft der Sonne

ab 4 Jahren

Material:
1 Solarlampe für den Garten, 1 Schuhkarton, Alufolie, Schokoladenstreusel, Obst (Erdbeeren, Bananen, Kirschen, Orangen …), 1 Küchenmesser, 1 Schneidebrett

Arbeitsanleitung:
Gemeinsam mit den Kindern geht die Erzieherin auf eine Entdeckungstour durch die Nachbarschaft. Die Kinder achten auf die Dächer der Häuser und schauen, ob sie Solarmodule sehen, die wie dunkelblaue Glasplatten aussehen.
Zurück in der Einrichtung wird mit den Kindern über die Solarmodule gesprochen. Es wird erklärt, dass mit diesen Solarmodulen Energie hergestellt wird. Diese brauchen wir zum Beispiel für Strom, damit wir bei uns zu Hause Licht einschalten können. Mit der Kraft der Sonne wird so das Haus mit Strom versorgt. Dies lässt sich zum Beispiel mit einer Solarlampe für den Garten zeigen. Die Lampe wird draußen in die Sonne gestellt. Nach einiger Zeit bringt die Erzieherin die Lampe nach innen. Eventuell muss nun der Raum etwas abgedunkelt werden, aber dann leuchtet die Lampe mit Hilfe der (gespeicherten) Kraft der Sonne.

Erweiterung:
Um die Kraft der Sonne zu verdeutlichen, kann mit den Kindern auch leckeres Schoko-Obst zubereitet werden. Dafür wird ein Schuhkarton mit Alufolie ausgekleidet, sodass die glänzende Seite zu sehen ist. Dabei sollte die Folie glatt liegen und keine Falten werfen.
Das Obst wird von der Erzieherin in mundgerechte Stücke geschnitten. Dann wird es in den Karton gelegt und mit Schokoladenstreuseln bestreut. Anschließend wird der Karton in die Sonne gestellt. Je nach Tageszeit und Wärme, kann es eine halbe Stunde dauern, bis die Schokolade über dem Obst zerlaufen ist. Die Kinder sehen, dass die Sonne die Schokolade zum Schmelzen gebracht hat. Anschließend wird der Karton kurz in den Kühlschrank gestellt, wodurch die Schokolade wieder fest wird. Guten Appetit!

Hinweis:
Das Material, das in Solaranlagen enthalten ist, nennt man Silizium. Silizium hat die Eigenschaft, die Strahlen bzw. das Licht der Sonne einzufangen und in Strom umzuwandeln. Sobald die Sonnenstrahlen das Solarmodul treffen, bringen sie die Elektronen, die in dem Silizium schlummern, dazu, sich zu bewegen. Elektronen sind positiv geladene Teilchen, die wir mit bloßem Auge nicht sehen können. Bewegen können sich die Elektronen allerdings nur durch die Aufnahme von Strahlung. Dafür ist lediglich ein kleines Lichtteilchen nötig, wobei allerdings die enthaltene Energie weder zu hoch noch zu niedrig sein darf. Darum gibt es nur ein begrenztes Intervall, in dem diese Lichtteilchen in Strom umgewandelt werden können. Wenn eine äußere elektrische Spannung angelegt wird, fließt Strom, sobald ein Elektron in den leitenden Zustand übergeht, weil ein Lichtteilchen mit der richtigen Energie aufgenommen wurde.

Windkraft

ab 4 Jahren

Material:
Bild eines Windrads (s. Farbbogen in der Heftmitte), Musterklammern, quadratisches Papier in verschiedenen Farben und Größen, Schere, Kleber, Holzspieße, Prickelnadeln, Klebestreifen

Arbeitsanleitung:
Die Kinder kommen zu einem Sitzkreis zusammen und betrachten das Bild eines Windrads. Folgende Fragen können dabei als Gesprächsanregung dienen: Wisst ihr, was das ist? Habt ihr so etwas schon einmal gesehen? Wenn ja, wo? Habt ihr eine Idee, wofür es genutzt wird? Den Kindern wird erklärt, dass es sich dabei um ein Windrad handelt, das den Wind nutzt. Die Erzieherin fragt die Kinder, wo Wind noch genutzt wird (z. B. beim Fliegen, beim Segeln oder bei Windmühlen).

Die Kinder erfahren, dass Windräder immer häufiger gebaut werden. Sie werden zur Gewinnung von (erneuerbarer) Energie verwendet, damit unsere Häuser Strom haben. Haben die Kinder vielleicht Ideen, warum das besonders gut mit Windrädern funktioniert?

Wind ist überall verfügbar, umweltfreundlich und meistens ungefährlich. Man sagt auch, dass er klimafreundlich ist. Man muss nichts verbrennen, um ihn zu erhalten und er muss auch nicht aus einem anderen Land geliefert werden.

Die Kinder überlegen nun, wie ein Windrad funktionieren könnte. Die Erzieherin weist dabei auf die Flügel hin, die sich bewegen können. Denn der Wind bewegt die Flügel des Windrads, sodass es sich dreht. Dadurch wird Energie hergestellt. In einem nächsten Schritt können die Kinder eigene Windräder basteln und diese direkt ausprobieren.

Anleitung zum Bau eines Windrads:
1. Jedes Kind erhält ein quadratisches Papier in einer Wunschfarbe.
2. Das Papier wird einmal in der Diagonale, also von einer Ecke zur gegenüberliegenden Ecke, gefaltet und wieder aufgeklappt.
3. Auch in der anderen Diagonale wird das Blatt gefaltet und aufgeklappt.
4. Jetzt werden auf allen Seiten die gefalteten Linien etwa zur Hälfte eingeschnitten.
5. Eine Ecke wird nun zum Mittelpunkt gelegt, aber nicht gefaltet. Nur in der Mitte wird diese Ecke festgeklebt.
6. Auch die anderen Ecken werden auf diese Weise zur Mitte gelegt und festgeklebt.
7. Nun wird mit einer Prickelnadel ein Loch in die Mitte geprickelt.
8. Eine Musterklammer wird durch das geprickelte Loch gesteckt und mit einem Klebestreifen an einem Holzspieß befestigt.
9. Nun kann das fertige Windrad zum Beispiel in ein Blumenbeet oder einen Blumentopf gestellt werden.

Die Schutzhülle der Erde (1)

ab 5 Jahren

Material:
Bild der Erde (s. Farbbogen in der Heftmitte), weißes Plakat in DIN A3, Filz- oder Buntstifte in Gelb, Blau und Schwarz, Tonpapier in Rot, Schere, Bleistift, Spielzeugflugzeug

Vorbereitung:
Auf rotes Tonpapier werden fünf Pfeile in einer Länge von ca. 20 cm gezeichnet und ausgeschnitten.

Arbeitsanleitung:
Die Kinder kommen zu einem Sitzkreis zusammen und fassen kurz die Funktion und Aufgabe eines Thermometers zusammen: Ein Thermometer zeigt uns, wie warm oder kalt es draußen ist (s. S. 12).
Als nächstes werden die Kinder gefragt, ob sie die Wörter „Treibhauseffekt" und „Klimawandel" schon einmal gehört haben, vielleicht sogar im Zusammenhang mit immer weiter ansteigenden Temperaturen. Die Frage, was der Treibhauseffekt ist, wird allerdings nicht gestellt. Dies wird durch die Legegeschichte beantwortet. Die Kinder werden bei der Geschichte immer einbezogen. Sie beschreiben, was sie sehen und werden dazu ermuntert, nachzufragen, wenn sie etwas nicht verstehen. Das Plakat wird in die Mitte des Sitzkreises gelegt. Auf eine Seite des Plakats wird das Bild der Erde gelegt. Auf die andere Seite malen die Kinder eine gelbe Sonne. Dann beginnt die Erzieherin mit der Erklärung.

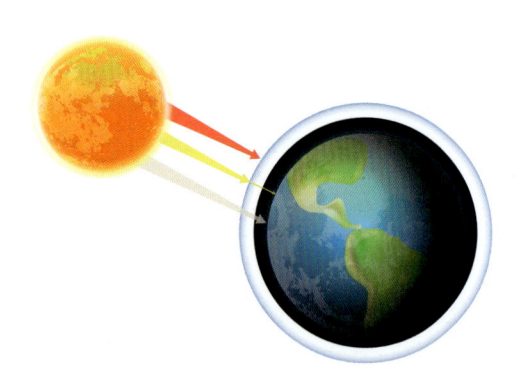

Erklärung:
Die Sonne schickt ihre Wärme auf unsere Erde.
(Die Kinder malen mit einem gelben Stift 4–5 Sonnenstrahlen von der Sonne bis zur Erde.)

Die Erde ist umgeben von einer Schutzhülle, die man auch Atmosphäre nennt.
Darin können wir atmen.
(In einem Abstand von ca. 8 cm wird ein blauer Kreis um die Erde gemalt.)

Diese Schutzschicht lässt die Sonnenstrahlen durch und hält die Wärme auf unserer Erde, sonst wäre es viel zu kalt für uns. Allerdings lässt sie auch etwas Wärme zurück ins All, damit es nicht zu heiß wird.
(Die roten Pfeile werden an die Erde gelegt, sodass sie von ihr wegzeigen.)

Doch die Menschen auf der Erde verschmutzen diese Hülle. Wie machen die Menschen das? Habt ihr eine Idee?
(Die Kinder überlegen und antworten lassen, evtl. Stichwörter wie „Autos", „Flugzeuge" oder „Fabriken" nennen.)

Damit ein Auto fahren oder ein Flugzeug fliegen kann, werden im Motor Treibstoffe verbrannt. Dabei entstehen Stoffe, die man nicht sehen kann, die aber für den Menschen und die Umwelt schädlich sein können. Allerdings bleiben diese Stoffe in unserer Schutzhülle. *(Ein Spielzeugflugzeug wird auf die Erde gestellt. Die Schutzhülle wird mit einem schwarzen Stift dicker gemalt. Zwei bis drei rote Pfeile werden abgeschnitten, damit sie bis an die Hülle reichen.)*

Die Schutzhülle der Erde (2)

ab 5 Jahren

Dadurch kann nicht so viel Wärme zurück ins All abgegeben werden. Darum wird es auf der Erde immer wärmer. Das ist der Treibhauseffekt.
Wer kennt Treibhäuser oder Gewächshäuser?
Habt ihr schon einmal eins gesehen?
Wie ist es darin?
(Die Kinder antworten lassen.)

In Treibhäusern ist es sehr warm und nur wenig Wärme wird nach außen abgegeben. Allerdings ist das in Treibhäusern auch gut, denn darin wachsen zum Beispiel Tomaten und Orangen, die sonst nur in wärmeren Ländern wachsen. Für uns Menschen, die Tiere, Pflanzen und Landschaften auf der Erde ist das aber nicht gut. Denn wenn zu viele Schadstoffe in der Luft sind, wird die Schutzhülle um die Erde immer undurchlässiger. Dadurch wird immer weniger Wärme abgegeben. Das kann für uns Menschen irgendwann gefährlich werden, da es immer heißer wird. Auch für die Tiere und Pflanzen ist das nicht gut. Das wird als Klimawandel bezeichnet, da sich das Klima auf unserer Erde verändert und wärmer wird.

Damit das nicht so schnell passiert, kann jeder von uns mithelfen. Habt ihr Ideen, wie auch ihr helfen könnt, die Erde zu schützen?
(Die Kinder überlegen, was sie selbst oder die Menschen generell tun könnten, zum Beispiel mit dem Fahrrad zu fahren statt mit dem Auto.)

Plastiktüte oder Stofftasche? (1)

ab 4 Jahren

Über 10 Millionen Tonnen Müll gelangen jedes Jahr ins Meer, davon sind allein 75 % Plastikmüll. Plastik wird allerdings kaum zersetzt, sondern zerfällt durch Sonne und Salzwasser in winzige Stücke. Diese können von Tieren gefressen werden und sind darum besonders gefährlich, denn das Plastik füllt den Magen der Tiere und lässt sie ohne richtige Nahrung verhungern.

Material:
für jedes Kind 1 Stofftasche, Stoffmalfarben, Pinsel, 1 Bild von Müll im Meer (s. Farbbogen in der Heftmitte), Tonkarton in DIN A4 oder alte Zeitungen, 1 Plastiktüte, 1 Papiertüte

Vorbereitung:
Die Taschen werden für das Malen vorbereitet. Dabei werden die Anweisungen für die Stoffmalfarben genau beachtet. Bei den meisten Farben sollten zum Beispiel die Stoffe gewaschen sein.

Plastiktüte oder Stofftasche? (2)

ab 4 Jahren

Arbeitsanleitung:

Die Erzieherin kommt mit den Kindern zu einem Kreis zusammen und zeigt das Bild von Müll im Meer. Die Kinder beschreiben, was auf dem Bild zu sehen ist, und was mit diesem Müll im Wasser passiert. Den Kindern wird verdeutlicht, dass es nicht gut ist, wenn Müll ins Meer gelangt. Er schwimmt nicht immer an der Wasseroberfläche, sondern sinkt auch auf den Meeresgrund und zerfällt in kleine Teile. Die Meerestiere sehen ihn und verwechseln ihn mit Nahrung. Besonders schlimm ist eine Sorte Müll: der Plastikmüll.

Nun überlegen die Kinder, welche Dinge aus Plastik sind. Dabei kann auch der Wertstoffmülleimer angeschaut oder überlegt werden, welcher Müll an einem Tag produziert wird. Beispiele sind Joghurtbecher, Tüten, Verpackungen usw. Anschließend wird überlegt, wie Plastikmüll vermieden werden kann, zum Beispiel durch das Nutzen einer Brotdose anstelle von Alu- oder Frischhaltefolie oder einer Glasflasche anstelle von Plastikflaschen. In diesem Zusammenhang werden auch Plastiktüten beim Einkauf thematisiert. Mögliche Fragen sind hier zum Beispiel:

- Wer hat schon einmal eine Plastiktüte beim Einkaufen gesehen?
- Gibt es eine Möglichkeit, die Plastiktüte zu ersetzen?

Nach den Überlegungen der Kinder wird eine Stofftasche gezeigt. Jeder darf diese betrachten, anfassen und beschreiben. Gemeinsam werden die Vorteile der Stofftasche erarbeitet, zum Beispiel:

- Man kann die Stofftasche sehr oft benutzen.
- Die Stofftasche ist stabiler als eine Plastiktüte.
- Wenn die Stofftasche schmutzig ist, kann man sie waschen.
- Eine Stofftasche ist auch viel schöner als eine Plastiktüte.

Der letzte Punkt wird dadurch bewiesen, dass nun jedes Kind eine eigene Stofftasche bemalt und gestaltet. In die Stofftasche werden alte Zeitungen oder ein Blatt Tonkarton gelegt, da die Stofffarben evtl. auf die andere Seite der Tasche durchdrücken könnten.
Nach dem Trocknen der bemalten Tasche nimmt jedes Kind seine eigene Tasche mit nach Hause.

Erweiterung:

Um den Kindern verständlicher zu machen, dass Plastikmüll nicht so schnell verrottet, werden mit den Kindern in einer Ecke des Gartens eine Plastiktüte und eine Papiertüte vergraben. Nach zwei bis drei Monaten werden die Tüten wieder ausgegraben. Dabei fällt auf, dass die Papiertüte schon auseinanderfällt, während die Plastiktüte aussieht wie zuvor.

Mülltrennung

ab 3 Jahren

Material:
Bildkarten „Mülltonnen" (s. u.), Bildkarten „Mülltrennung" (s. S. 52), Schere, Kleber, Tonkarton, Buntstifte, 4 DIN-A3-Bögen Tonkarton (in den üblichen Farben der Mülltonnen), 4 Mülleimer

Vorbereitung:
Die Bildkarten „Mülltrennung" werden kopiert, zur besseren Haltbarkeit auf Tonkarton geklebt und ausgeschnitten. Die Bildkarten der Mülltonnen werden zweimal (hoch-)kopiert und ausgeschnitten. Die Kopien werden in den regional üblichen Farben der Mülltonnen bemalt: Restmüll, Wertstoffmüll, Biomüll und Papiermüll.

Arbeitsanleitung:
Die Erzieherin kommt mit den Kindern zu einem Sitzkreis zusammen.
In der Mitte werden die Bildkarten mit den unterschiedlichen Müllarten verteilt.
Gemeinsam werden folgende Fragen besprochen:
- Um welchen Müll handelt es sich?
- Wie und wodurch entsteht der Müll?
- Was müssen wir unbedingt mit dem Müll tun?
- Wer hat schon einmal etwas von „Mülltrennung" gehört? (Vielen Kindern ist das Mülltrennsystem bekannt und sie werden ihr Wissen gern einbringen.)

Nun werden die Bildkarten der vier Mülltonnen in die Mitte gelegt. Gemeinsam werden die Müll-Bildkarten sortiert und um die passenden Mülltonnen verteilt. Hierbei helfen sich die Kinder gegenseitig. Anschließend malen die Kinder die Bildkarten des Mülls bunt aus. Für jeden Mülleimer im Gruppenraum wird nun ein Plakat erstellt. Dafür werden die vier Mülltonnen mittig auf den entsprechenden farbigen Tonkarton geklebt. Die ausgemalten Bildkarten werden anschließend um die richtigen Mülltonnen aufgeklebt.
Die Poster werden über vier Mülleimern aufgehängt. Sie helfen den Kindern in Zukunft bei der Mülltrennung in ihrer Gruppe.

Bildkarten „Mülltonnen"

(Bitte hochkopieren.)

Bildkarten „Mülltrennung"

ab 3 Jahren